Schriften zum Kunst- und Kulturrecht

Herausgegeben von

Prof. Dr. Frank Fechner, Technische Universität Ilmenau
Prof. Dr. Claas Friedrich Germelmann, LL.M., Universität Hannover
Prof. Dr. Dres. h.c. Burkhard Hess, Universität Wien
Prof. Dr. Rainer J. Schweizer, Universität St. Gallen
Prof. Dr. Armin Stolz, Universität Graz
Prof. Dr. Matthias Weller, Mag. rer. publ., Universität Bonn

Band 43

unterstützt durch

UNIVERSITÄT BONN
RHEINISCHE FRIEDRICH-WILHELMS-UNIVERSITÄT BONN

FPK
FORSCHUNGSSTELLE PROVENIENZFORSCHUNG KUNST- UND KULTURGUTSCHUTZRECHT

UNI GRAZ

Dieter Grimm | Charlotte Klonk
Nina Kathalin Kummer | Theodor Schöllgen

Nationales Kulturerbe

Lehren aus 100 Jahren Abwanderungsschutz

Nomos DIKE facultas

Das Buch wurde gefördert durch die Deutsche Forschungsgemeinschaft (DFG) – Projektnummer: 435286427.

Die Deutsche Nationalbibliothek verzeichnet diese Publikation in der Deutschen Nationalbibliografie; detaillierte bibliografische Daten sind im Internet über http://dnb.d-nb.de abrufbar.

1. Auflage 2024

Publiziert von
Nomos Verlagsgesellschaft mbH & Co. KG
Waldseestraße 3–5 | 76530 Baden-Baden
www.nomos.de

Gesamtherstellung:
Nomos Verlagsgesellschaft mbH & Co. KG
Waldseestraße 3–5 | 76530 Baden-Baden

ISBN (Print) 978-3-7560-1436-1
Nomos Verlagsgesellschaft mbH & Co. KG, Baden-Baden

ISBN (ePDF) 978-3-7489-1975-9
Nomos Verlagsgesellschaft mbH & Co. KG, Baden-Baden

DOI: https://doi.org/10.5771/9783748919759

ISBN 978-3-03891-788-5
Dike Verlag, Zürich/St. Gallen

ISBN 978-3-7089-2558-5
facultas Verlag, Wien

Onlineversion
Nomos eLibrary

Vorwort

Der Band präsentiert wesentliche Ergebnisse des interdisziplinären Forschungsprojektes „Nationales Kulturerbe. Das Kulturgutschutzgesetz im Spannungsfeld von Gemeinwohlinteressen und Privateigentum“ (Institut für Kunst- und Bildgeschichte, Humboldt-Universität zu Berlin). Das Projekt und die Publikation wurden finanziert durch die Deutsche Forschungsgemeinschaft (DFG). Für diese Förderung möchten wir uns herzlich bedanken und auch bei den anonymen Gutachtern der DFG, die uns wichtige Hinweise gegeben haben.

Ebenfalls bedanken möchten wir uns bei all jenen Kultusministerien, die uns Akteneinsicht gewährt und so die erfolgreiche Durchführung des Projektes erst ermöglicht haben. Ein besonderer Dank gilt dabei Dr. Christine Axer, Bastian Brombach, Dr. Sibylle Discher, Markus Franke, Dr. Marie Haffner, Felix Kanbach, Ulrike Knott, Brigitte Kock, Andrea Schneider, Kathrin Seifert und Jennifer Wübbena. Ebenso dankbar sind wir Dr. Maik Ohnezeit von der Otto-von-Bismarck-Stiftung und Stefan Ståhle vom Moderna Museet-Stockholm für die großzügige Bereitstellung von Abbildungen. Sollten wir Bildrechte übersehen haben, bitten wir, dass sich die Rechteinhaber bei uns melden mögen. Herzlich bedanken möchten wir uns außerdem bei Dr. Thomas Köhler, Florentine Kutscher, Prof. Dr. Bernhard Maaz, Prof. Dr. Pia Müller-Tamm, Dr. Maria Obenaus, Isabel Pfeifer-Poensgen und Prof. Dr. Sophie Schönberger, die die Ergebnisse des Projektes mit uns diskutiert und wichtige inhaltliche Impulse gegeben haben.

Ein besonderer Dank gilt den studentischen Mitarbeiterinnen des Projektes Leonie Rösler und Ursula Klammer, die die Recherchen zum bundesdeutschen Abwanderungsschutz von Beginn an mit viel Engagement und enormer Sorgfalt unterstützt haben, sowie dem DV-Beauftragten des Institutes für Kunst- und Bildgeschichte Simon Kwauka, der mit großem Aufwand die technischen Voraussetzungen für die Auswertung der umfangreichen Aktenbestände geschaffen hat. Ein herzlicher Dank gilt ebenfalls Franziska Greiner-Petter, die durch ihre Gewissenhaftigkeit und ihren organisatorischen Weitblick maßgeblich zum reibungslosen Ablauf des Projektes beigetragen hat, und Camilla Daab und Robert Schlücker, die uns bei der Vorbereitung und Durchführung des Abschlusssymposiums und bei der Fertigstellung dieses Buches unterstützt haben.

Dieter Grimm, Berlin
Charlotte Klonk, Berlin
Nina Kathalin Kummer, Berlin
Theodor Schöllgen, Berlin

Inhaltsverzeichnis

Dieter Grimm
Ein Forschungsprojekt zum Schutz von Kulturgut gegen Abwanderung 9

Nina Kathalin Kummer
„Der Mensch lebt nicht vom Brot allein."
Das Verzeichnis national wertvollen Kulturgutes seit 1945 21

Theodor Schöllgen
Wozu Abwanderungsschutz?
Aufgaben und Zielkonflikte seit 1919 57

Charlotte Klonk
Nomen est Omen.
Die Begriffe des Kulturgutschutzgesetzes und ihre Konsequenzen 87

Quellen- und Literaturverzeichnis 111

Bildnachweis 125

Hinweise zu den Autorinnen und Autoren 129

Namen- und Sachregister 131

Ein Forschungsprojekt zum Schutz von Kulturgut gegen Abwanderung

Dieter Grimm

I. Ein Fall für Interdisziplinarität

Ein interdisziplinäres Forschungsprojekt von Kulturwissenschaftlern und Rechtswissenschaftlern über den Schutz nationalen Kulturguts vor Abwanderung ins Ausland rechtfertigt sich daraus, dass in dem Forschungsgegenstand die beiden Aspekte Kultur und Recht zusammentreffen, jede Disziplin aufgrund der ihr je eigenen Erkenntnisinteressen und Methoden aber nur einen Aspekt zu erfassen vermag. Die Kulturwissenschaften sind involviert, weil sie Aussagen darüber machen können, warum nationales Kulturgut schutzwürdig ist und welche Objekte den Schutz verdienen. Die Rechtswissenschaft ist involviert, weil der Schutz mit rechtlichen Mitteln bewirkt wird.

Konkret werden die beiden Aspekte durch einen politischen Akt zueinander in Beziehung gesetzt, nämlich den Erlass eines Gesetzes. Ohne ein solches Gesetz gibt es zwar Kulturgut, aber keinen Schutz. Der Schutz verlangt nach einem Gesetz, weil regelungsbedürftig ist, was geschützt wird, wodurch und von wem. Im Verfassungsstaat tritt als weiterer Grund hinzu, dass der Schutz Beschränkungen des grundrechtlich garantierten Privateigentums nötig macht, die nur aufgrund eines Gesetzes erlaubt sind, das den Anforderungen an Grundrechtseingriffe genügt. Vollzogen wird der Schutz dann von den dafür zuständigen, der Politik nachgeordneten Behörden gemäß einem im Gesetz geregelten Verfahren.

Die Regelungen des Gesetzgebers können von der Wissenschaft vorbereitet, beratend unterstützt, kritisch geprüft und systematisch erklärt werden. Ihre Anwendung auf konkrete Fälle durch die Verwaltungsbehörden kann sachverständig und kritisch begleitet werden. Interdisziplinäres Vorgehen drängt sich dabei wegen der Interdependenz der kulturellen und rechtlichen Aspekte auf. Die Tatbestandsmerkmale, mit denen der Gesetzgeber den Kreis der geschützten Objekte abstrakt und generell festlegt, verweisen auf Eigenschaften der Objekte, deren Vorliegen oder Fehlen im konkreten Fall aber nur mit kulturwissenschaftlichem Sachverstand festgestellt werden kann.

Dieser muss dabei jedoch wieder die juristische Bedeutung der Begriffe zugrunde legen, die mit ihrem kulturwissenschaftlichen Sinn nicht notwendig deckungsgleich ist. Mit der Überführung eines Begriffs in einen juristischen Zusammenhang bezieht er seinen Sinn aus diesem und wird mit juristischen Interpretationsmethoden ermittelt. Deswegen können Gerichte die Begriffe zwar im Blick auf konkrete Anwendungsfälle näher präzisieren. Sie können aber nicht feststellen, ob die Begriffsmerkmale bei einem Objekt tatsächlich vorliegen. Dazu bedarf es abermals kulturwissenschaftlichen Sachverstands. Insoweit bleibt den Gerichten nur die Prüfung, ob die Entscheidung sachgemäß zustande gekommen ist.

Die Interdependenz besteht aber nicht nur auf der materiell-rechtlichen Ebene der Gesetzesauslegung und -anwendung. Sie setzt sich vielmehr auf der prozeduralen Ebene fort. Das gesetzlich vorgeschriebene Entscheidungsverfahren kann präjudizielle Wirkungen für das Ergebnis entfalten. So hängt etwa die Klassifizierung eines bestimmten Gemäldes als „national wertvoll" im Sinn des Gesetzes nicht nur von seiner künstlerischen Qualität oder nationalen Bedeutung ab, die in die Kompetenz der Kulturwissenschaften fällt, sondern auch davon, wer an der Entscheidung beteiligt wird und wie sie zustande kommt, was wiederum Gegenstand der Rechtswissenschaft ist.

II. Die gesetzliche Regelung des Abwanderungsschutzes

Das Forschungsprojekt wurde von der Neuregelung der Materie durch das *Gesetz zum Schutz von Kulturgut* vom 31. Juli 2016 angestoßen.[1] Das Gesetz ging seinerseits auf eine Richtlinie der Europäischen Union zurück, welche die Bundesrepublik umsetzen musste.[2] Die Richtlinie bezog sich auf die Rückgabe von unrechtmäßig aus dem Gebiet eines Mitgliedstaats verbrachten Kulturgütern, betraf also nicht den Abwanderungsschutz. Der Gesetzgeber nahm die erforderliche Gesetzesänderung aber zum Anlass, auch diese Frage in die Neuregelung einzubeziehen und namentlich die Kriterien für die Eintragung von Kulturgut in das Verzeichnis national wertvollen Kulturgutes zu schärfen.

---

1 *Gesetz zum Schutz von Kulturgut* (Kulturgutschutzgesetz – KGSG), 31.07.2016, BGBl. I v. 05.08.2016, S. 1914.

2 *Richtlinie 2014/60/EU*, 28.05.2014, ABl. L 159 v. 28.05.2014, S. 1.

Ziel des Forschungsprojekts war es, Aufschluss über die Durchführung des Gesetzes, insbesondere die Praxis der Eintragungen in das Verzeichnis der geschützten Gegenstände, zu erlangen. Von wem geht die Initiative aus? Welche Motivationen spielen dabei eine Rolle? Aus welchen Gründen kommt es zur Annahme oder Ablehnung eines Antrags oder zur Löschung von Eintragungen? Wie schwer wiegen die Argumente der Sachverständigenausschüsse in dem rechtlichen Verfahren? Bestehen Unterschiede zwischen den Ländern? Dabei schwang auch die Hoffnung mit, durch die Auswertung der Listen dem sich wandelnden Verständnis deutscher Kultur auf die Spur zu kommen.

Die Neuregelung war von heftiger, emotional aufgeladener Kritik, besonders aus Kreisen des Kunsthandels, begleitet.[3] Befürchtet wurde eine überzogene Beschränkung des privaten Eigentums an Kulturgut. Einige Kritiker sprachen sogar von Enteignung. Enteignungen im Rechtssinn des Begriffs sah das Gesetz allerdings nicht vor. „Enteignung" bedeutet Wegnahme privater Eigentumsobjekte durch den Staat und Übertragung auf einen neuen Eigentümer. Das Gesetz betraf indessen nicht die zwangsweise Wegnahme von Kulturgut durch den Staat, sondern die freiwillige Veräußerung oder sonstige Verbringung ins Ausland durch den Eigentümer. Beschränkt wurde also lediglich die Verfügungsbefugnis über privates Eigentum.

Gestützt war die Regelung auf Art. 14 Abs. 1 Satz 2 GG, wonach der Gesetzgeber Inhalt und Schranken des Eigentums bestimmen darf, und zwar nach Maßgabe von Absatz 2 dieses Artikels, in dem es heißt: „Eigentum verpflichtet. Sein Gebrauch soll zugleich dem Wohle der Allgemeinheit dienen." Dafür ist im Unterschied zur Enteignung der Ausdruck „Sozialbindung" gebräuchlich. Enteignungen sind entschädigungspflichtig, Eigentumsbeschränkungen (Sozialbindungen) nicht. Sie müssen aber wie jede Grundrechtsbeschränkung verhältnismäßig sein. Das öffentliche Interesse an der Beschränkung muss das private an der freien Verfügung überwiegen.

Beschränkungen der Eigentumsrechte an Kulturgut waren allerdings keine Neuigkeit des Gesetzes von 2016. Diesem Gesetz ging ein Gesetz von 1955 voran, diesem eine Verordnung von 1919.[4] Schon nach der Verordnung

---

3 Eine Verfassungsbeschwerde von Kunst- und Antiquitätenhändlern und Auktionshäusern hat das Bundesverfassungsgericht nicht zur Entscheidung angenommen, weil sie den Zulässigkeitsanforderungen nicht genügte, BVerfG: Beschluss der Zweiten Kammer des Ersten Senats vom 28.06.2021 – 1 BvR 1727/17 und weitere, NJW 2021, S. 2877.

4 *Verordnung über die Ausfuhr von Kunstwerken* (AusfVO), 11.12.1919, RGBl. v. 11.12.1919, S. 1961; *Gesetz zum Schutz deutschen Kulturgutes gegen Abwanderung* (KultgSchG), 06.08.1955, BGBl. I v. 09.08.1955, S. 501.

von 1919 waren Kunstwerke, deren Ausfuhr „einen wesentlichen Verlust für den nationalen Kunstbesitz“ bedeuten würde, in ein Verzeichnis geschützter Kulturgüter einzutragen und damit dem freien Warenverkehr entzogen. In dem Gesetz von 1955 wurde der Schutzumfang von „Kunstwerken“ auf „anderes Kulturgut“ erstreckt und „nationaler Kunstbesitz“ durch „deutschen Kulturbesitz“ ersetzt. An diesem Ansatz, insbesondere an dem „Listenprinzip“, hielt man auch 2016 fest.

Um die Bedenken gegen die Neuregelung zu zerstreuen, entschloss sich der Gesetzgeber 2016 aber zu einer Erweiterung der Voraussetzungen für die Eintragung in das Verzeichnis. Umgekehrt verringerte sich dadurch die Zahl eintragungsfähiger Gegenstände. Der Eigentumsschutz wurde also verstärkt, die Eingriffsbefugnis des Staates vermindert, während die Gesetzesbegründung der Bundesregierung nur von einer Verstärkung oder Verbesserung des Abwanderungsschutzes spricht, die lediglich die bisher schon geübte Praxis bestätige.[5] Da die Gesetzeslage für die nachfolgenden Beiträge grundlegend ist, soll sie hier in knapper Zusammenfassung referiert werden.[6]

Nationales Kulturgut unterliegt einem Ausfuhrverbot mit Genehmigungsvorbehalt. Pauschal gilt dieses für den Kulturbesitz der staatlichen und überwiegend staatlich finanzierten Museen. Für privaten Kulturbesitz gilt das Listenprinzip. Geschützt sind Kulturgüter, die in ein Verzeichnis national wertvollen Kulturgutes eingetragen sind. Einzutragen ist Kulturgut, wenn „1. es besonders bedeutsam für das kulturelle Erbe Deutschlands und damit identitätsstiftend für die Kultur Deutschlands ist“[7] und „2. seine Abwanderung einen wesentlichen Verlust für den deutschen Kulturbesitz bedeuten würde und deshalb sein Verbleib im Bundesgebiet im herausragenden kulturellen öffentlichen Interesse liegt“.

Die Ausfuhr geschützten Kulturguts ist zu versagen, wenn „wesentliche Belange des deutschen Kulturgutbesitzes“ überwiegen. Zwischen den Ausfuhrinteressen der betroffenen Institutionen und privaten Eigentümer und dem öffentlichen Interesse an ihrem Verbleib ist also abzuwägen. Die Ein-

5 Deutscher Bundestag: Entwurf eines Gesetzes zur Neuregelung des Kulturgutschutzrechts, BT-Drucksache 18/7456, 03.02.2016, URL: https://dserver.bundestag.de/btd/18/074/1807456.pdf, letzter Zugriff am 12.06.2024.

6 Ausführliche Kommentierungen bei Lucas Elmenhorst/Volker Wiese (Hg.): *Kulturgutschutzgesetz. Kommentar*, München 2018; sowie Kerstin von der Decken/Frank Fechner/Matthias Weller: *Kulturgutschutzgesetz. Kommentar*, Baden-Baden 2020.

7 Dies gilt gemäß § 7 Abs. 1 KGSG auch für das Erbe der Länder und der historischen Regionen Deutschlands.

tragung in die Liste begründet allein kein Ausfuhrverbot. Das Gesetz geht davon aus, dass es Interessen geben kann, die dem in der Listeneintragung zum Ausdruck kommenden öffentlichen Interesse am Verbleib eines Objektes in Deutschland vorgehen, beispielsweise wenn durch die Ausführung eines geschützten Werks ein noch wertvolleres für Deutschland erworben werden kann.

Die Listen werden von den Ländern geführt und vom Bund gesammelt in einem zentralen Internetportal veröffentlicht. Das Verfahren der Landesbehörden regelt das Bundesgesetz. Die Länder benennen die zuständigen Behörden. Diese führen das Verfahren von Amts wegen oder auf Antrag des Eigentümers, ferner zur Wahrung eines gesamtstaatlichen Interesses auch der für Kultur und Medien zuständigen obersten Bundesbehörde durch. Die Entscheidung fällt „im Benehmen" mit Sachverständigenausschüssen, die von der obersten Landesbehörde berufen werden und keiner Weisung unterliegen. Sie können ihrerseits wieder auf externen Sachverstand zurückgreifen.

Schutzobjekt des Gesetzes ist „der deutsche Kulturbesitz", näher eingegrenzt durch die Überschrift von § 7: „National wertvolles Kulturgut". Nicht alles in Deutschland befindliche Kulturgut ist gegen Abwanderung geschützt, sondern nur eine Teilmenge. Aus den Formulierungen „deutscher Kulturbesitz" und „national wertvolles Kulturgut" (nicht etwa „wertvolles nationales Kulturgut") geht hervor, dass nicht nur Werke deutschen Ursprungs erfasst werden. Auch Werke ausländischer Herkunft, die sich in Deutschland befinden, können unter den Begriff fallen. „Wertvoll" bedeutet im Rahmen eines Gesetzes zum Schutz von Kulturgut nicht „pekuniär", sondern kulturell, künstlerisch oder historisch wertvoll.

Zweck des Gesetzes ist der Erhalt deutschen Kulturbesitzes. Die verfassungsrechtliche Billigung des Gesetzeszwecks ergibt sich daraus, dass der Bund in Art. 73 Abs. 1 Nr. 5a GG zur Regelung dieser Materie ermächtigt wird. Aus verfassungsrechtlicher Sicht ist daher eine weitergehende Begründung, woraus sich dieser Zweck wiederum rechtfertigt, nicht nötig. Solche aus der Idee des Kulturstaats[8] folgende Gründe können aber für die Auslegung des Gesetzes Bedeutung erlangen. Das Mittel zur Zweckerreichung besteht in der Eintragung der entsprechenden Objekte in die Liste und dem darauf bezogenen Ausfuhrverbot. Bei der Prüfung konkreter

8 Vgl. Dieter Grimm: „Kulturauftrag im staatlichen Gemeinwesen", in: *Veröffentlichungen der Vereinigung der deutschen Staatsrechtslehrer*, Bd. 42 (1984), S. 46.

Anträge kommt es darauf an, ob Zweck und Mittel in einem angemessenen Verhältnis zueinander stehen.

Während es bis 2016 nur darum ging, ob ein Objekt „national wertvoll" war und seine Abwanderung „einen wesentlichen Verlust für den deutschen Kulturbesitz" bedeuten würde, kommt es nun zusätzlich auf die „besondere Bedeutung für das kulturelle Erbe Deutschlands" und seine „identitätsstiftende" Wirkung für die Kultur Deutschlands an. Warum die Änderung notwendig oder nützlich erschien, ergibt sich aus der Begründung nicht. Hervorgehoben ist, dass es nun eine zweistufige Prüfung der Anträge gebe. Diese war aber auch schon in dem Gesetz von 1955 angelegt, denn zunächst musste festgestellt werden, dass das betroffene Objekt „wertvoll" war, sodann dass seine Abwanderung einen Verlust bedeutete.

In der Gesetzesbegründung wird überdies darauf verwiesen, dass eine Legaldefinition für Kulturgut eingeführt worden sei.[9] Dadurch sind aber die unbestimmten Rechtsbegriffe, mit denen die Behörden bisher auskommen mussten, nicht durch eine präzisere Bestimmung der Eintragungsvoraussetzungen ersetzt worden, welche die Subsumtion erleichtern würde. Präzision bei der Bestimmung von Eingriffsvoraussetzungen in grundrechtlich geschützte Rechtspositionen ist freilich geboten. Je unbestimmter die Eingriffsvoraussetzungen, desto größer die Interpretationsspielräume der Behörden und desto geringer die Vorhersehbarkeit der Entscheidungen für die Betroffenen.

Die Ungewissheit wächst, wenn die Zuständigkeit für die Auslegung der Bestimmungen nicht bei einer zentralen Behörde, sondern, wie im Gesetz mit Rücksicht auf die Kulturhoheit der Länder vorgesehen, bei 16 voneinander unabhängigen Landesbehörden liegt. Die Ungewissheit weitet sich dann leicht zu einer Ungleichbehandlung der Antragsteller aus. Auch vage Gesetzesbestimmungen können allerdings durch die Rechtsprechung allmählich festere Konturen gewinnen. Dieser Effekt ist aber im Bereich des Kulturgutschutzes gering geblieben, weil sich wegen der vergleichsweise kleinen Zahl von Entscheidungen keine breite Rechtsprechung bilden konnte. Deswegen wird fast durchweg auf das Urteil des Bundesverwaltungsgerichts von 1993 zum sogenannten Silberzimmer zurückgegriffen.[10]

---

9 Nämlich „jede bewegliche Sache oder Sachgesamtheit von künstlerischem, geschichtlichem oder archäologischem Wert oder aus anderen Bereichen des kulturellen Erbes" (§ 2 Abs. 1 Nr. 10 KGSG).

10 BVerwG: Urteil v. 27.05.1993 – 7 C 33.92, BVerwGE 92, S. 288.

Es fragt sich also, ob es der Neuregelung von 2016 gelungen ist, die Unbestimmtheit bei der Durchführung des Gesetzes zu verringern. Die neue Legaldefinition geht an dieser Frage vorbei. Allerdings sind die Tatbestandsvoraussetzungen für die Eintragung erweitert worden. Sie übertreffen die bisherigen jedoch nicht an Genauigkeit oder Subsumtionseignung. Auch ihre Anwendung ist auf kulturwissenschaftlichen Sachverstand angewiesen, stellt die Sachverständigen aber vor eine wesentlich schwierigere Aufgabe, denn die neuen Begriffe sind bedeutungsschwer und konfliktträchtig. Es gibt berechtigte Zweifel, ob sie die Konsensfindung erleichtern.[11]

Das „kulturelle Erbe“ verbindet die Gegenwart mit der Vergangenheit. Es umfasst alles, was an kulturellen Artefakten aus der Vergangenheit auf die jetzt Lebenden überkommen ist. Der Abgrenzungswert des Begriffes ist daher gering. Die Abgrenzung wird vielmehr erst durch das Merkmal erzielt, dass es „besonders bedeutsam“ für das kulturelle Erbe sein muss. Das wird man vor allem dann annehmen können, wenn der Kulturgegenstand von Zuständen, Entwicklungen oder Ereignissen Zeugnis gibt, die für die deutsche Kultur aussagekräftig oder prägend sind. Das trifft freilich nicht nur auf Artefakte deutschen Ursprungs zu. Das „kulturelle Erbe“ setzt sich aus vielen Schichten und Einflüssen und Austauschprozessen zusammen.

Da die Bestimmung, ob ein Gegenstand besonders bedeutsam für das kulturelle Erbe Deutschlands ist, immer in der Gegenwart getroffen wird, muss der Begriff entwicklungsoffen verstanden werden, also auch Kulturgut umfassen, das zwar schon lange in Deutschland vorhanden ist, aber gerade erst entdeckt wurde, oder Kulturgut, das für das Erbe bedeutsam ist, aber gerade erst in den Geltungsbereich des Gesetzes gelangt ist, ebenso Kulturgut, dass erst neuerdings als wertvoll und zum Erbe gehörig betrachtet wird.[12] „Besonders“ bedeutsam kann es sein durch seine herausragende Qualität, seinen Bezug zu einer spezifischen Eigenart oder einem erinnerungswürdigen Ereignis der deutschen Geschichte.

Beim Merkmal „identitätsstiftend für die deutsche Kultur“ erhöhen sich die Schwierigkeiten noch einmal. Was die „Identität“ der deutschen Kul-

---

11 Vgl. etwa Sophie Lenski (jetzt Schönberger): Stellungnahme im Bundestagsausschuss für Kultur und Medien, Ausschuss-Drucksache 18(22)121, 08.04.2016, URL: https://www.bundestag.de/resource/blob/418286/18856eb4972db9e772533a1fa68e5e2c/Lenski-data.pdf, letzter Zugriff am 19.03.2024.

12 Dass selbst sehr junges Kulturgut zum „Erbe“ gehören kann, ergibt sich aus der Erstreckung des Schutzes auf „Werke lebender Urheber oder Hersteller“, jedoch nur mit deren Zustimmung (§ 7 Abs. 1 KGSG).

tur ausmacht, ist notorisch umstritten, und zwar umso mehr, wenn auch Kulturgut ausländischer Herkunft am Schutz teil hat. Wann „stiftet“ ein kulturelles Objekt Identität? Einen Ausweg weist die Verbindung der beiden Kriterien der besonderen Bedeutsamkeit für das kulturelle Erbe und der Identitätsstiftung durch das Wort „damit“. Damit, dass ein Objekt zum besonders bedeutsamen kulturellen Erbe gehört, ist es identitätsstiftend. Nachzuweisen wäre dann nur noch, dass ein Objekt, obwohl besonders bedeutsam für das kulturelle Erbe, ausnahmsweise keine identitätsstiftende Wirkung entfaltet.

Erst danach stellt sich die Frage, ob die Abwanderung einen wesentlichen Verlust für den deutschen Kulturbesitz bedeuten würde. Die Verhinderung dieses Verlustes begründet das öffentliche Interesse, das die Eigentumsbeschränkung rechtfertigt. Dass die Neuregelung dies ausdrücklich hinzufügt, bedeutet in der Sache keine Änderung. Es ist, wie die Gesetzesbegründung selbst bemerkt, lediglich eine „Klarstellung“. Auch Objekte, die die vorangehenden Kriterien erfüllen, sind daher nicht in die Liste einzutragen, wenn ihre Abwanderung keinen wesentlichen Verlust brächte. Das kann etwa der Fall sein, wenn gleichartige Objekte in Deutschland vorhanden sind.

Die Einschränkung der Interpretationsspielräume und der Präzisionsgewinn, welche man sich wohl von den neuen Tatbestandsmerkmalen erhofft hat, wird durch die Probleme bei der Begriffsbestimmung von „Erbe“ und „Identität“ wieder aufgezehrt. Die Konfliktzone vergrößert sich durch die Begriffswahl. Zu befürchten ist, dass es sich nur um einen Scheingewinn handelt. Der Begriff „wertvoll“ oder „besonders wertvoll“, den die beiden neuen Merkmale verdeutlichen sollten, deckt die Überlegungen ab, die bei der Entscheidung über einen Antrag angestellt werden müssen, vermeidet aber ideologische Auseinandersetzungen. Die Zusätze der Neuregelung von 2016 erscheinen daher verzichtbar.

III. Die Entscheidungspraxis im Zusammenhang mit der Gesetzeslage

Je determinationsschwächer die gesetzliche Regelung der Eintragungsvoraussetzungen, desto größer der Einschätzungsspielraum der Entscheider und desto wichtiger die Handhabung der Vorschriften in der Praxis. Im Zentrum des Forschungsprojekts standen daher die Listen der geschützten Kulturgüter. Diese sind nur für die Zeit vom Beginn des Abwanderungsschutzes 1919 bis zum Ende des Deutschen Reiches 1945 ausgewertet worden.[13] Für die Eintragungspraxis in der Bundesrepublik fehlten bisher solche Untersuchungen. Auch die Auswirkungen der veränderten Rechtslage harrten noch einer Nachprüfung. Das hat sich nunmehr geändert.

In dem Forschungsprojekt haben Nina Kathalin Kummer aufseiten der Kulturwissenschaften und Theodor Schöllgen aufseiten der Rechtswissenschaft die Listen und, soweit verfügbar und einsehbar, die zugehörigen Akten ausgewertet.[14] Nina Kathalin Kummer gibt in diesem Band einen Einblick in die Eintragungspraxis seit 1945. Als Ergebnis ihrer Untersuchung stellt sie eine beträchtliche Uneinheitlichkeit bei der Umsetzung des Gesetzes fest und kann zeigen, welchen Einfluss die Interessen staatlicher Museen bis 2016 auf die Praxis hatten. Die verbreitete und auch in der Gesetzesbegründung enthaltene Annahme, das Gesetz habe lediglich die bisher geübte und bewährte Praxis festgeschrieben, wird damit widerlegt.

Theodor Schöllgen geht den Gründen dieser Uneinheitlichkeit nach und kann nachweisen, dass von Anfang an zwei unterschiedliche Interessen um gesetzliche Anerkennung rangen, einerseits die der Denkmalpflege und andererseits die der Museen. Die Unbestimmtheit der Regelung findet eine Erklärung darin, dass sie die Differenzen überbrücken sollte, damit aber alles Entscheidende dem fallbezogenen Verhalten der Praxis überließ. Theodor Schöllgen leitet daraus seinen Vorschlag ab, die Interessen des Denkmalschutzes und die der „Kulturgut bewahrenden Einrichtungen", wie das Gesetz verallgemeinernd sagt, in zwei getrennten Gesetzen und damit auch trennschärfer zu regeln.

Charlotte Klonk nimmt im Licht der Forschungsergebnisse eine kritische Gesamtwürdigung des Gesetzes vor. Angesichts der Situationsbedingtheit, Interessenverflechtung und Heterogenität der Listeneintragungen findet sie die anfängliche Erwartung, dass ein Studium der Listen Aufschluss „über die Deutschen und ihre Kunst" geben werde, enttäuscht. Sie warnt vor den Deutungsproblemen, die mit den vom Gesetzgeber verwendeten Begriffen des Erbes und der Identitätsstiftung verbunden sind. Schließlich stellt sie eine Beziehung zu den Problemen der Provenienzforschung und der Restitution unrechtmäßig erlangten jüdischen Kunsteigentums her, die im Gesetz keine hinreichende Berücksichtigung gefunden haben.

---

13 Vgl. Maria Obenaus: *Für die Nation gesichert? Das Verzeichnis der national wertvollen Kunstwerke: Entstehung und Instrumentalisierung 1919–1945*, Berlin 2016.

14 Für ausführlichere Darlegungen wird auf die in Vorbereitung befindlichen Dissertationen der beiden wissenschaftlichen Mitarbeiter verwiesen.

Kulturgut, welches den Eintragungskriterien entspricht, „ist" laut Gesetz in die Listen „einzutragen". Die Behörden sind folglich nicht auf Anträge angewiesen. Sie werden von Amts wegen tätig. Wer daraus auf eine systematische Erfassung aller in Betracht kommenden Objekte in privatem Eigentum schließen würde, wäre freilich im Irrtum. In der Praxis beruhen die Eintragungen überwiegend auf Zufallsentdeckungen und interessengeleiteten Anträgen. Das neue Gesetz hat daran nur so viel geändert, dass Verkaufsabsichten von Kulturgut ins Ausland durch die generelle Ausfuhrgenehmigungspflicht der §§ 21 ff. KGSG leichter bemerkt werden können. Für mehr fehlt es bereits an einer ausreichenden personellen Besetzung der zuständigen Landesbehörden.

„Der Mensch lebt nicht vom Brot allein."
Das Verzeichnis national wertvollen Kulturgutes seit 1945

Nina Kathalin Kummer

Schon seit 1919 ist es dem deutschen Staat erlaubt, privaten Eigentümer/-innen die Ausfuhr von Kulturgütern ins Ausland zu versagen.[1] Zu begründen war dieser Schritt bis zur Novellierung des Kulturgutschutzgesetzes im Jahr 2016 lediglich damit, dass der Verlust eines Objektes für den „deutschen Kulturbesitz" als wesentlich einzustufen ist. So hieß es in § 1 Abs. 1 des *Gesetzes zum Schutz deutschen Kulturgutes gegen Abwanderung* von 1955:

> Kunstwerke und anderes Kulturgut – einschließlich Bibliotheksgut –, deren Abwanderung aus dem Geltungsbereich dieses Gesetzes einen wesentlichen Verlust für den deutschen Kulturbesitz bedeuten würde, werden in dem Land, in dem sie sich bei Inkrafttreten des Gesetzes befinden, in ein ‚Verzeichnis national wertvollen Kulturgutes' eingetragen.[2]

In der Folge war zwar die Ausfuhr der gelisteten Objekte nicht pauschal verboten, sie stand jedoch unter einem Genehmigungsvorbehalt und wurde von den zuständigen Landesbehörden im Falle eines entsprechenden Antrags meistens versagt. Mit der jüngsten Neufassung des Gesetzes von 2016 wurde das Listenprinzip zum einen durch eine generelle Ausfuhrgenehmigungspflicht nach dem Kategorienprinzip ergänzt.[3] Zum anderen wurden die Tatbestandsmerkmale für die Eintragung von Kulturgütern in das Verzeichnis national wertvollen Kulturgutes erweitert. So ist Kulturgut von den obersten Landesbehörden nach § 7 Abs. 1 nur noch dann einzutragen, wenn

---

1 *Verordnung über die Ausfuhr von Kunstwerken* (AusfVO), 11.12.1919, RGBl. v. 11.12.1919, S. 1961.

2 § 1 Abs. 1 *Gesetz zum Schutz deutschen Kulturgutes gegen Abwanderung* (KultGSchG), 06.08.1955, BGBl. I v. 09.08.1955, S. 501.

3 Gemäß § 24 ist für die Ausfuhr von Kulturgütern, die bestimmte Alters- und Wertgrenzen überschreiten, generell die Beantragung einer Ausfuhrgenehmigung erforderlich, § 24 Abs. 1 *Gesetz zum Schutz von Kulturgut* (Kulturgutschutzgesetz – KGSG), 31.07.2016, BGBl. I v. 05.08.2016, S. 1914.

1. es besonders bedeutsam für das kulturelle Erbe Deutschlands, der Länder oder einer seiner historischen Regionen und damit identitätsstiftend für die Kultur Deutschlands ist,
2. seine Abwanderung einen wesentlichen Verlust für den deutschen Kulturbesitz bedeuten würde und deshalb sein Verbleib im Bundesgebiet im herausragenden kulturellen öffentlichen Interesse liegt.[4]

Der Gesetzgeber wertet diese lange geforderte Präzisierung der Eintragungsvoraussetzungen nicht als Verschärfung, sondern als „Festschreibung der im Laufe der Jahrzehnte ausgebildeten und durch Selbstbindung der Verwaltung verstetigten Eintragungspraxis" – und suggeriert damit einen einheitlichen und anerkannten Umgang mit dem Schutzverzeichnis während der letzten rund sieben Jahrzehnte.[5] Die Kriterien seien „unverändert streng" und lediglich entsprechend der bisherigen Verwaltungspraxis der Länder inhaltlich geschärft worden.[6] Die seit Gründung der deutschen Bundesrepublik rund 2.000 unter Schutz gestellten Objekte und Sammlungen allerdings erzählen eine etwas andere Geschichte.

Das Verzeichnis als Manifestation der bundesdeutschen Rechtspraxis

Das erste bundesdeutsche Verzeichnis national wertvollen Kulturgutes wurde am 1. März 1961 veröffentlicht und führte insgesamt 128 Kulturgüter aus Privatbesitz. Darunter waren neben Gemälden von Hans Holbein d. J., Peter Paul Rubens und Antoine Watteau Zeichnungen von Albrecht Dürer, Skulpturen von Tilman Riemenschneider sowie zahlreiche mittelalterliche Handschriften, frühneuzeitliche Tapisserien und kunsthandwerkliche Objekte sakraler und profaner Natur.[7] Seitdem wurde das sogenannte Gesamtverzeichnis, das sich aus den einzelnen Listen der Bundesländer zusammensetzt, insgesamt achtmal in aktualisierter Fassung im *Bundesanzeiger*

4 § 7 Abs. 1 KGSG.

5 Deutscher Bundestag: Bericht zum Umfang des Verwaltungsaufwandes von Bund und Ländern – Zwei Jahre Kulturgutschutzgesetz, BT-Drucksache 19/7145, 16.01.2019, S. 21, URL: https://dserver.bundestag.de/btd/19/071/1907145.pdf, letzter Zugriff am 22.02.2024.

6 Deutscher Bundestag 2019, S. 6.

7 „Gesamtverzeichnis national wertvollen Kulturgutes", 01.03.1961, überliefert in: NLA Hannover, Nds. 401 Acc. 112/83 Nr. 321: Schutz des deutschen Kulturgutes, Liste der national wertvollen Kunstwerke, 1959–1961.

veröffentlicht und ist seit 2010 auf einer Webseite der Bundesbeauftragten für Kultur und Medien abrufbar.[8]

Auf die Frage, wie viele Kulturgüter (außer Archivgut) seit 1945 unter Abwanderungsschutz gestellt worden sind, gibt es mehrere mögliche Antworten: Bezieht man alle Objekte der mittlerweile rund 80 verzeichneten Sammlungen mit ein, liegt die Summe bei über 1,1 Millionen. Betrachtet man jede Sammlung hingegen als eine Sachgesamtheit und zählt nur jene Objekte, die einzeln aufgelistet sind, kommt man auf knapp 2.000. Nach offizieller Zählweise allerdings sind es nur 815 endgültige Eintragungen, da teils auch verwandte Werke oder Werkgruppen nur als eine Nummer gezählt werden. Von diesen wurden bis heute rund 90 Eintragungen wieder gelöscht.[9] Im Gegensatz zu der unsteten Entwicklung der Eintragungspraxis der 1920er und 1930er Jahre[10] deutet der Anstieg der Eintragungszahlen nach Ende des Zweiten Weltkrieges auf eine vergleichsweise kontinuierliche Entwicklung hin. Allerdings lassen sich bei genauerer Betrachtung auch für diese Jahrzehnte recht unterschiedliche Tendenzen ausmachen. Während sich die Anzahl der Eintragungen bis in die 1980er Jahre nur etwas mehr als verdoppelte, ist sowohl für die 1990er Jahre als auch für die Jahre vor der Novellierung ein sprunghafter Anstieg zu verzeichnen. Nach der Neuregelung sind demgegenüber wieder deutlich weniger Eintragungen vollzogen worden. Innerhalb der letzten rund acht Jahre wurden insgesamt 36 Eintragungsverfahren eingeleitet, von denen nach heutigem Stand allerdings

---

8 „Gesamtverzeichnis national wertvollen Kulturgutes", 10.07.1980, in: *Beilage Bundesanzeiger*, Nr. 135a, 25.07.1980, S. 4–23; „Gesamtverzeichnis national wertvollen Kulturgutes", 16.01.1983, in: *Beilage Bundesanzeiger*, Nr. 31a, 14.02.1983, S. 5–28; „Gesamtverzeichnis national wertvollen Kulturgutes", 01.09.1986, in: *Beilage Bundesanzeiger*, Nr. 192a, 15.10.1986, S. 5–29; „Gesamtverzeichnis national wertvollen Kulturgutes", 21.10.1988, in: *Beilage Bundesanzeiger*, Nr. 212a, 11.11.1988, S. 5–31; „Gesamtverzeichnis national wertvollen Kulturgutes", 30.11.1992, in: *Beilage Bundesanzeiger*, Nr. 243b, 29.12.1992, S. 5–33; „Gesamtverzeichnis national wertvollen Kulturgutes", 18.12.1995, in: *Beilage Bundesanzeiger*, Nr. 19a, 27.01.1996, S. 5–45; „Gesamtverzeichnis national wertvollen Kulturgutes", 19.04.1999, in: *Beilage Bundesanzeiger*, Nr. 97a, 28.05.1999, S. 5–58; „Gesamtverzeichnis national wertvollen Kulturgutes", 19.11.2008, in: *Beilage Bundesanzeiger*, Nr. 196a, 24.12.2008, S. 5–89; „Datenbank geschützter Kulturgüter", URL: https://www.kulturgutschutz-deutschland.de/DE/3_Datenbank/dbgeschuetzterkulturgueter_node.html, letzter Zugriff am 21.02.2024.

9 Stand: 31.03.2024.

10 Siehe dazu die Auswertung des Verzeichnisses der national wertvollen Kunstwerke in Maria Obenaus: *Für die Nation gesichert? Das „Verzeichnis der national wertvollen Kunstwerke". Entstehung, Etablierung und Instrumentalisierung 1919–1945*, Berlin 2016, S. 111–155 sowie S. 209–238.

nur 21 positiv entschieden wurden. Zwölf Verfahren wurden eingestellt und drei bislang noch nicht entschieden.[11] Die zusätzlichen 45 Eintragungen, die seitdem von Baden-Württemberg und Hamburg vorgenommen wurden, umfassen Kulturgüter, die dort bereits denkmalschutzrechtlich erfasst sind.[12]

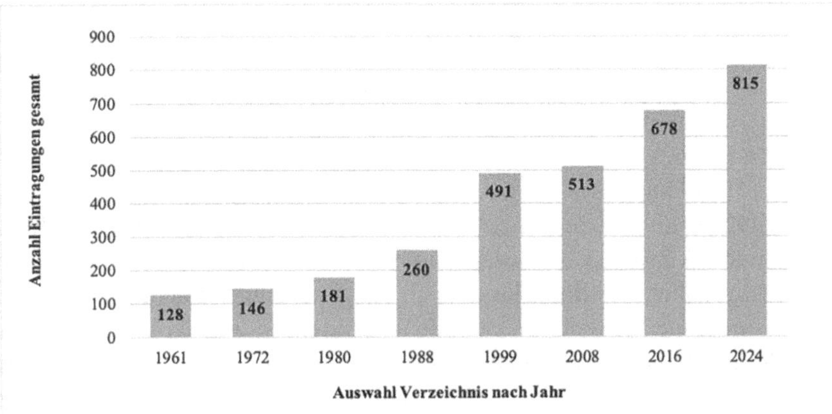

Anzahl der Eintragungen gesamt, 1961–2024

Entgegen einer naheliegenden Vermutung ist die erste der beiden umfassenderen Erweiterungen des Verzeichnisses nicht auf die deutsche Wiedervereinigung zurückzuführen. Bis auf eine einzige Eintragung blieben die ab 1995 aufgenommenen Listen der neuen Bundesländer nämlich zunächst leer. Und auch heute macht ihr Anteil mit insgesamt nur 47 Eintragungen nicht mehr als sechs Prozent des nationalen Kulturerbes der Bundesrepublik Deutschland aus. Betrachtet man die Entwicklung der absoluten Eintragungszahlen seit der Veröffentlichung des ersten Verzeichnisses, zeigt

11 Stand: 31.05.2024. Diese Angaben beziehen sich auf die seit Inkrafttreten des neuen Kulturgutschutzgesetzes am 06.08.2015 im *Bundesanzeiger* durch die zuständigen Landesbehörden bekannt gegebenen Verfahrenseinleitungen, Eintragungen und Einstellungen sowie auf die Angaben in den aktuellen Länderverzeichnissen unter: https://www.kulturgutschutz-deutschland.de/DE/3_Datenbank/Druckverss_Laenderverzeichnisse/druckvers_verzeichnis_node.html, letzter Zugriff am 31.05.2024.

12 Baden-Württemberg, Nr. 19, 37, 51, 60, 63, 70, 150, 880, 882, 883, 886–888, 643, 661–664, 383, 201, 268, 271, 482, 493, 494, 509, 516; Hamburg, Nr. 129, 1007, 1338, 1460, 1469, 14421, 14422, 14430, 14870, 14876, 14991, 29048, 39232, 43362, 44105, 44162, 44220, 44398.

sich auch für die alten Bundesländer ein ausgesprochen heterogenes Bild: Bayern veranlasste von Beginn an die meisten Eintragungen. Darauf folgen mit weitem Abstand die Länder Baden-Württemberg, Hessen, Niedersachsen, Berlin und Schleswig-Holstein, deren Listen mittlerweile zwischen 55 und 85 Eintragungen umfassen. Hamburg, Rheinland-Pfalz und Nordrhein-Westfalen stehen mit je 20 bis 30 Eintragungen vor den übrigen Ländern, die bis heute teils nicht mehr als eine Handvoll Kulturgüter und Sammlungen unter Abwanderungsschutz gestellt haben.

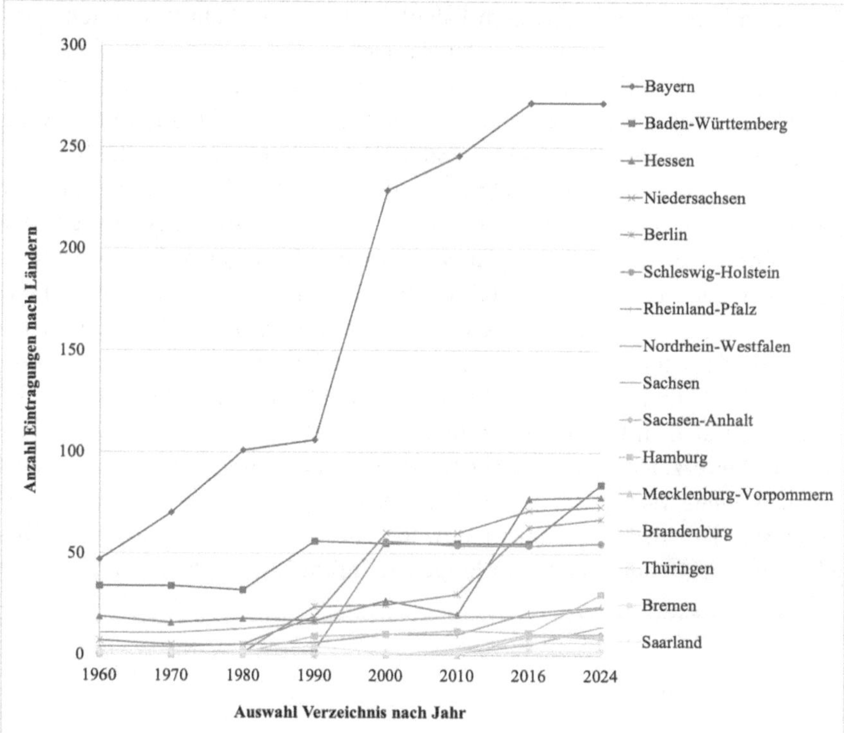

Anzahl der Eintragungen nach Ländern, 1961–2024

Aber nicht nur die Anzahl, sondern auch die Art der unter Schutz gestellten Kulturgüter ist ausgesprochen heterogen und lässt Zweifel an einer einheitlichen Eintragungspraxis aufkommen. Neben Gemälden, Zeichnungen und Skulpturen namhafter Künstler/-innen finden sich Autografen, Mobiliar und Musikinstrumente, aber auch Münz- und Vogelsammlungen, fossile

Tierknochen sowie der erste Versuchsmotor von Rudolf Diesel und die *Bremer Hansekogge* auf der Liste. Wie der Vergleich des prozentualen Anteils der Gattungen im Verzeichnis von 1961 und heute zeigt, machte Kunsthandwerk zunächst die größte Gruppe der schützenswerten Objekte aus, seit Anfang der 1980er Jahre jedoch stehen Gemälde an erster Stelle. Zeichnungen und Grafiken wurden im Verhältnis dazu nur selten unter Schutz gestellt. Auch der Anteil von Plastiken und Skulpturen ist im Laufe der Zeit gesunken. Dafür wurden zunehmend mehr Sammlungen und Kulturgüter anderer Art gelistet. Während 1961 beispielsweise nur zwei bronzezeitliche Funde und ein Artefakt aus dem Paläolithikum unter Schutz standen, zählen heute mehr als 40 Objekte der frühesten Menschheitsgeschichte zum nationalen Kulturerbe. Auch die zahlreichen Maschinen und Transportmittel aus dem 18. und 19. Jahrhundert fächern das Spektrum mittlerweile weiter auf; ebenso die vielen fossilen Funde und naturgeschichtlichen Objekte, deren Unterschutzstellung Ende der 1990er Jahre noch gänzlich ohne Vorbild war. Dementsprechend ist auch der Entstehungszeitraum der schützenswerten Objekte insgesamt deutlich größer geworden und reicht heute von mehrere Millionen Jahre alten Skelettfunden bis zu Bildwerken der jüngsten Vergangenheit, wie das Werk *Bananen unter Glas* von Dieter Roth aus dem Jahr 1971 oder die Skulptur *Diálogo – Tolerancia* des spanischen Bildhauers Eduardo Chillida von 1992, die beide 2015 von Nordrhein-Westfalen unter Schutz gestellt wurden.[13] Dabei lässt sich bezüglich der Länderverzeichnisse feststellen, dass die alten Bundesländer insgesamt deutlich mehr Werke der bildenden Kunst schützen, während die neuen Bundesländer vorrangig kunsthandwerkliche und naturgeschichtliche Objekte sowie umfangreiche Sammlungen zu ihrem Kulturerbe zählen.

13 Nordrhein-Westfalen, Nr. 10503, 10907. Das Verfahren war noch unter altem Recht am 4. Februar 2015 eingeleitet worden und wurde am 17. Oktober 2016 positiv entschieden, siehe Land Nordrhein-Westfalen: „Bekanntmachung über den Schutz von Kulturgut vom 17. Oktober 2016", in: *Bundesanzeiger*, 11.11.2016. Die hier und im Folgenden zur Identifizierung der Werke genannten Nummern wurden bei der endgültigen Aufnahme des betreffenden Objektes in das Landesverzeichnis vergeben. Wie die Legende am Anfang jedes gedruckten Gesamtverzeichnisses verrät, stehen die ersten beiden Stellen der Zahlenfolge für das Bundesland, die dritte für die Art des Kulturgutes und die letzten beiden geben schließlich die Reihenfolge der in dieser Kategorie vollzogenen Eintragung an.

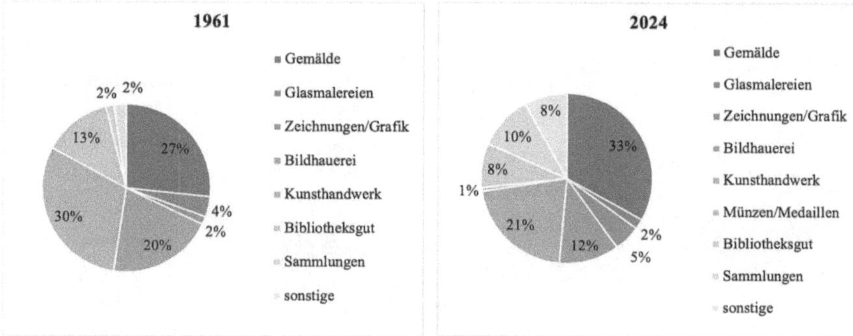

Art der unter Schutz gestellten Kulturgüter, 1961 & 2024

Hinsichtlich der Herkunft zeigt sich, dass Zeugnisse deutscher Künstler – sowie einiger weniger deutscher Künstlerinnen wie Gabriele Münter und Hedwig Bollhagen – noch immer den größten Anteil am national wertvollen Kulturbesitz ausmachen.[14] Aktuell zählen sie 507 Eintragungen, gefolgt von 55 Werken französischer, 47 Werken italienischer und zusammengenommen 39 Werken niederländischer und belgischer Künstler/-innen.[15] Dabei fällt auf, dass sich die Gemälde durch internationalere Entstehungskontexte auszeichnen, während die Werke der anderen Gattungen zu einem Großteil auf deutsche Urheber/-innen zurückgehen. Obwohl im Laufe der Zeit auch einzelne Werke lettischer, ägyptischer, tansanischer und chinesischer Herkunft als national wertvoll gelistet wurden, liegt der Fokus weiterhin auf dem europäischen Kulturraum. Bemerkenswert ist dabei auch, dass Hamburg, Bremen, Thüringen und das Saarland ausschließlich Kulturgüter deutscher Herkunft listen und dass auch die Verzeichnisse von Mecklenburg-Vorpommern und Sachsen-Anhalt diesbezüglich nur einige wenige Ausnahmen enthalten. Werke, die außerhalb des Gebietes der heutigen Bundesrepublik geschaffen wurden, stehen häufiger in Hessen, Baden-Württemberg und Nordrhein-Westfalen und am meisten in Bayern und Berlin unter Schutz.

14 Stand: 31.05.2024.
15 Stand: 31.05.2024.

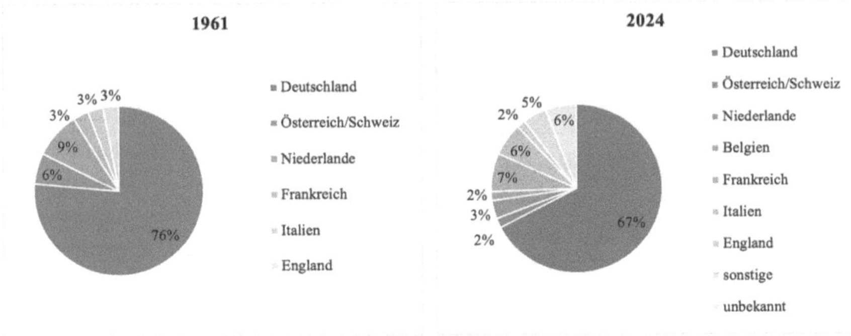

Nationale Herkunft der unter Schutz gestellten Kulturgüter, 1961 & 2024

Bei genauerer Prüfung zeigt sich, dass der Großteil der Werke nicht deutscher Herkunft konkrete Bezüge zur hiesigen Kultur aufweist, oftmals schon durch ihre teils jahrzehntelange Zugehörigkeit zu einer privaten oder öffentlichen Sammlung. Beispiele dafür sind Antoine Watteaus Gemälde *Einschiffung nach Kythera*, das schon 1736 von Friedrich dem Großen erworben worden war und bis zum Ankauf durch die Stadt Berlin im Jahr 1982 unter Abwanderungsschutz stand,[16] und der 1840 von Gustav Seyffarth in Triest für die Universität Leipzig angekaufte *Sarg des Hedbastiru*, mit dem die Sammlung des Ägyptischen Museums begründet wurde.[17] Nicht nur durch ihre Rezeptionsgeschichte, sondern auch durch ihren Entstehungskontext eng mit Deutschland verbunden sind die Gemälde jener französischen, italienischen und englischen Künstler des 18. Jahrhunderts, die viele Jahre an deutschen Adelshäusern tätig waren. Die dort entstandenen Bildwerke weisen häufig sowohl durch Entstehungsort und Auftraggeber/-in als auch durch ihr Sujet ortsspezifische Bezüge auf: Sie zeigen zeitgenössische Persönlichkeiten des deutschen Adels, wie das von dem französischen Künstler Antoine Pesne gefertigte *Bildnis der Landgräfin Karoline von Hessen*, oder sie verweisen auf den Ort ihrer Bestimmung, wie

16 Berlin, Nr. 03101. Zu dem umstrittenen Ankauf des Gemäldes durch die Stadt Berlin siehe Richard Schneider: „Im Kopf nach Kythera. Für Watteau haben die Berliner nichts übrig", in: *Die Zeit*, 30.09.1983, URL: https://www.zeit.de/1983/40/im-kopf-nach-kythera, letzter Zugriff am 11.03.2024.

17 Sachsen, Nr. 13608. Siehe dazu Ägyptisches Museum der Universität Leipzig: „Geschichte der Sammlung", URL: https://www.gkr.uni-leipzig.de/aegyptisches-museum/geschichte, letzter Zugriff am 05.01.2023.

der Entwurf zum Deckenfresko im Kaisersaal der Würzburger Residenz des Italieners Giovanni Battista Tiepolo.[18]

Durchaus vergleichbare regionale Bezüge beinhalten die Werke von den in Deutschland geborenen Künstler/-innen. Während Bundesländer wie Niedersachsen und Schleswig-Holstein vor allem Porträts des ansässigen Adels führen, listen Baden-Württemberg, Bayern und Hessen zahlreiche kunstgewerbliche Objekte aus dem Besitz ihrer ehemaligen fürstlichen Landesherren, wie beispielsweise das *Reichsschwert des Herzogs Eberhard im Bart* aus der Sammlung des Grafen von Württemberg oder der *Markgrafenpokal* aus dem Eigentum der Markgrafen und Großherzöge von Baden.[19] In Bayern, Berlin und Hessen stehen zudem mehrere Gemälde mit einer motivischen Ortsreferenz unter Schutz, wie beispielsweise das Gemälde *Brandenburger Tor* des Berliner Malers Eduard Gaertner oder Max Beckmanns Mainpanorama *Eisgang*.[20] Andere Objekte wiederum, wie der für die Burgkappelle Wildenstein gestaltete Altar des Meisters von Meßkirch oder die Glasfenster der Dominikanerkirche in Wimpfen, sind durch ihren Bestimmungsort eng mit der jeweiligen Region verbunden.[21] Im Fall des spätantiken Spangenhelms aus Gammertingen und dem prähistorischen *Hortfund von Neupotz* in der Pfalz sind es hingegen die Fundorte, die die besondere Verbindung zu dem unterschutzstellenden Bundesland begründen.[22] Im Gegensatz dazu sind Kunst- und Kulturgüter, die auf Ereignisse der deutschen Geschichte verweisen, äußerst selten. Einige der wenigen Beispiele dafür sind das 1998 von Bayern aufgenommene *Große Friedensmahl* von Joachim von Sandrart von 1650 sowie die erst kürzlich durch Schleswig-Holstein gelistete Friedrichsruher Fassung der *Proklamierung des Deutschen Kaiserreiches (18. Januar 1871)* von Anton von Werner aus dem Jahr 1885.[23]

Auch wenn der Titel des Verzeichnisses national wertvollen Kulturgutes anderes vermuten lässt, dominieren also insgesamt nicht Objekte mit einer besonderen Bedeutung für den deutschen Nationalstaat oder einem inhaltlichen Bezug zu dessen Geschichte, sondern Kulturgüter mit einer spezifischen Bedeutung für das jeweilige Bundesland. Allerdings war der

---

18 Hessen, Nr. 07107, 07110; Bayern, Nr. 02178.
19 Baden-Württemberg, Nr. 01607, 01614.
20 Berlin, Nr. 03108; Hessen, Nr. 07808.
21 Baden-Württemberg, Nr. 01103; Hessen, Nr. 07202.
22 Baden-Württemberg, Nr. 01902; Rheinland-Pfalz, Nr. 11801.
23 Bayern, Nr. 02176; Schleswig-Holstein, Nr. 15912.

regionale Bezug keine zwingende Voraussetzung für eine Unterschutzstellung. Bayern, Berlin, Hessen und Nordrhein-Westfalen führen viele Objekte ohne entsprechenden Landesbezug. Auch hierbei handelt es sich zumeist um Gemälde, jedoch in der Regel um Werke von Künstlern, die im Kanon der deutschen oder europäischen Kunstgeschichte einen besonderen Stellenwert einnehmen. So finden sich neben den Arbeiten von Albrecht Dürer, Caspar David Friedrich und Max Liebermann zum Beispiel auch Werke von Rembrandt van Rijn, Francisco de Goya, Thomas Gainsborough, Pablo Picasso und Edvard Munch.[24] Auffallend ist dabei, dass sich fast alle dieser überregional bedeutenden Werke als Dauerleihgaben in großen Häusern wie der Gemäldegalerie in Berlin, dem Städel Museum in Frankfurt am Main oder den Bayerischen Staatsgemäldesammlungen in München befinden. Im Gegensatz dazu stammen viele der kunsthandwerklichen Objekte mit regionalem Bezug aus den Kunstsammlungen des ehemaligen deutschen Hochadels, darunter Stücke aus den Fürstlich Fürstenbergischen Sammlungen in Donaueschingen und den Fürstlich Hohenzollernschen Sammlungen im Schloss Sigmaringen sowie den Sammlungen der Markgrafen und Großherzöge von Baden, des Fürsten von Öttingen-Wallerstein und des Grafen zu Erbach.

Unter den verhältnismäßig wenigen Eintragungen, die seit der jüngsten Novellierung des Gesetzes vorgenommen wurden, sind hingegen fast ausschließlich Werke deutscher Herkunft. Neben der bereits genannten *Kaiserproklamation* von Anton von Werner sind darunter das *Liesborner Evangeliar* aus dem 10. Jahrhundert, der Domschatz von Halberstadt, ein Konvolut von Illustrationen der grimmschen Hausmärchen des hessischen Künstlers Otto Ubbelohde sowie die Gemäldesammlung des süddeutschen

24 Albrecht Dürer: Berlin, Nr. 03113, Niedersachsen, Nr. 09302; Caspar David Friedrich: Bayern, Nr. 02804_08–02804_12, Berlin, Nr. 03309*, Hamburg, Nr. 06109; Max Liebermann: Bayern, Nr. 02173, Nr. 02804_22, 02804_23, Berlin, Nr. 03131; Rembrandt van Rijn: Baden-Württemberg, Nr. 01105, Berlin, Nr. 03100, Niedersachsen, Nr. 09103, 09105, Mecklenburg-Vorpommern, Nr. 08101, Nordrhein-Westfalen, Nr. 10104; Francisco de Goya: Bayern, Nr. 02112, 02118, 02136; Thomas Gainsborough: Bayern, Nr. 02154, 02156, Mecklenburg-Vorpommern, Nr. 08801_5; Pablo Picasso: Bayern, Nr. 02128; Edvard Munch: Hessen, Nr. 07113. Bei den mit einem Asterisk versehenen Nummern handelte es sich um Kulturgüter oder Sammlungen, für die zwar ein Verfahren zur Eintragung in das Verzeichnis national wertvollen Kulturgutes eingeleitet worden war, die gemäß § 4 KultgSchG also bereits einer vorübergehenden Ausfuhrgenehmigungspflicht unterlagen, deren endgültige Eintragung dann aber abgelehnt oder aufgrund eines zwischenzeitlich erfolgten Ankaufs durch die öffentliche Hand nicht mehr als notwendig erachtet worden war.

Fürstenhauses Schönborn und die Urschrift der Verfassung von Rheinland-Pfalz.[25] Zwar lassen sich angesichts der wenigen Einzelfälle und der aus datenschutzrechtlichen Gründen noch unter Verschluss gehaltenen Vorgangsakten noch keine verallgemeinerbaren Aussagen über die dabei maßgeblichen Eintragungskriterien formulieren, doch die vorliegende Begründung aus Schleswig-Holstein deutet darauf hin, dass der Nachweis einer identitätsstiftenden Funktion für die Kultur Deutschlands dabei nun – und entgegen der bisherigen Praxis – besonderes Gewicht hat. Bei der *Kaiserproklamation* ist diese laut dem Ministerium für Bildung, Wissenschaft und Kultur sowohl aufgrund der gezeigten Darstellung – die Ernennung und Würdigung des preußischen Königs Wilhelm II. zum deutschen Kaiser in Versailles im Jahr 1871 – und der Entstehungsgeschichte – gefertigt im Auftrag des Hauses Hohenzollern als Geschenk für den Reichskanzler Otto von Bismarck zu dessen 70. Geburtstag im Jahr 1885 – als auch aufgrund der „vielfältigen Rezeption in Lehr-, Fachbüchern und Nachlagewerken" und der künstlerischen Qualität des Werkes gegeben.[26] Es handle sich um eine „Ikone der deutschen Kunst- und Staatsgeschichte", wie es in der Eintragungsbegründung heißt.[27] Und auch der rheinland-pfälzische Landtagspräsident Hendrik Hering rühmte die Urschrift der Landesverfassung nach der Unterschutzstellung im Jahr 2022 laut *Süddeutscher Zeitung* als ein „grundlegendes Dokument für die Identität der Rheinland-Pfälzer".[28]

---

25 Schleswig-Holstein, Nr. 15912; Nordrhein-Westfalen, Nr. 10403; Sachsen-Anhalt, Nr. 14902; Hessen, Nr. 07301; Bayern, Nr. 02189; Rheinland-Pfalz, Nr. 11810.

26 Ministerium für Bildung, Wissenschaft und Kultur des Landes Schleswig-Holstein: Benachrichtigung der Eigentümerin über die Einleitung eines Verfahrens zur Eintragung in das Verzeichnis national wertvollen Kulturgutes gemäß § 14 KGSG, hier: Anton von Werner: Gemälde: „Die Proklamierung des Deutschen Kaiserreiches (18. Januar 1971), Friedrichsruher Fassung (1885)", 02.07.2020, überliefert in: Ministerium für Bildung, Wissenschaft und Kultur des Landes Schleswig-Holstein.

27 Ministerium für Bildung, Wissenschaft und Kultur des Landes Schleswig-Holstein: Benachrichtigung des Sachverständigenausschusses über die Einleitung eines Verfahrens zur Eintragung in das Verzeichnis national wertvollen Kulturgutes gemäß § 14 KGSG, hier: Anton von Werner: Gemälde: „Die Proklamierung des Deutschen Kaiserreiches (18. Januar 1971), Friedrichsruher Fassung (1885)", 02.07.2020, überliefert in: Ministerium für Bildung, Wissenschaft und Kultur des Landes Schleswig-Holstein.

28 O. A.: „Landtag – Mainz. Urschrift der Landesverfassung im Kulturgut-Verzeichnis", in: *Süddeutsche Zeitung online*, 23.05.2022, URL: https://www.sueddeutsche.de/politik/landtag-mainz-urschrift-der-landesverfassung-im-kulturgut-verzeichnis-dpa.urn-newsml-dpa-com-20090101-220523-99-401978, letzter Zugriff am 22.02.2024.

Die Eintragungen in das Verzeichnis national wertvollen Kulturgutes lassen bei genauerer Betrachtung also ernsthafte Zweifel daran aufkommen, ob mit der Ergänzung der gesetzlichen Eintragungskriterien tatsächlich nur die bisherige Länderpraxis kodifiziert wurde. Auch in der juristischen Literatur wurde das zwar von Beginn an infrage gestellt, doch besteht diesbezüglich noch immer kein Konsens: Während Nicolai von Cube, Lucas Elmenhorst und Volker Wiese sowie Benita Böhm § 7 Abs. 1 KGSG als eine Verengung gegenüber der alten Rechtslage werten, die zu einer wesentlichen Beschränkung des Schutzbestandes führe,[29] folgen Kerstin von der Decken, Frank Fechner, Matthias Weller, Louisa Kimmig sowie Günter Winands[30] und Melanie List der Gesetzesbegründung, nach der die Eintragungskriterien nicht erweitert, sondern „lediglich auf Basis bestehenden Rechts und der Rechtspraxis konkretisiert" und damit zwar „formell strenger" geworden seien, aber keine materielle Verschärfung darstellten.[31] Allerdings konnte bislang keine der beiden Seiten ihr Urteil auf eine empirische Untersuchung der bundesdeutschen Eintragungspraxis stützen. Die Aussagen wurden entweder ausschließlich auf Grundlage der Rechtsprechung und der Eintragungsempfehlungen der Kultusministerkonferenz oder mit Verweis auf einen Bericht der Bundesregierung zum Kulturgutschutz in

29 Nicolai von Cube: „Ist das Kunst oder kann das weg? Die Ratlosigkeit des Rechtsanwenders nach gut gemeinter Gesetzgebung", in: *NJW*, 11(2017), S. 787–791, hier S. 788; Lucas Elmenhorst/Volker Wiese (Hg.): *Kulturgutschutzgesetz. Kommentar*, München 2018, S. 10; Benita Böhm: *Die identitätsstiftende Wirkung national wertvoller Kulturgüter*, Baden-Baden 2021, S. 134.

30 Günter Winands war als Ministerialdirektor und Stellvertreter der Beauftragten der Bundesregierung für Kultur und Medien an der Novellierung des Gesetzes maßgeblich beteiligt. Bernd Schultz, Gründer des Auktionshauses Villa Grisebach, bezeichnete ihn in einer kritischen Stellungnahme in der *Frankfurter Allgemeinen Zeitung* auch als „federführenden Beamten hinter der Gesetzesnovelle" („Das Schleppnetz zieht sich langsam zu", in: *Frankfurter Allgemeine Zeitung*, 16.01.2016, URL: https://www.faz.net/aktuell/feuilleton/debatten/bernd-schultz-stellt-kulturgutschutzgesetz-infrage-14008679.html, letzter Zugriff am 13.05.2024).

31 Günter Winands/Melanie List: „Das neue Kulturgutschutzgesetz", in: *KUR*, 6(2016), S. 198–206, hier S. 198; Kerstin von der Decken: „Das Kulturgutschutzgesetz von 2016 – mit einem besonderen Fokus auf dem Abwanderungsschutz für deutsches Kulturgut", in: Matthias Weller/Nikolai B. Kemle/Thomas Dreier (Hg.): *Kunst und Recht – Rückblick, Gegenwart, Zukunft* (Schriften zum Kunst- und Kulturrecht, Bd. 24), Baden-Baden 2017, S. 71–102, hier S. 79; Kerstin von der Decken/Frank Fechner/Matthias Weller: *Kulturgutschutzgesetz. Kommentar*, Baden-Baden 2020, S. 161; Louisa Kimmig: *National wertvolles Kulturgut. Die listenbasierte Unterschutzstellung nach dem Kulturgutschutzgesetz*, Baden-Baden 2022, S. 416.

Deutschland aus dem Jahr 2013 getroffen.[32] Dabei bleibt auch dieser Bericht auf den gerade einmal vier Seiten zur Anwendungspraxis des Gesetzes äußerst vage und ohne wissenschaftliche Grundlage.[33]

Dass die Rechtspraxis von den maßgeblich beteiligten Akteuren weder als einheitlich noch als zufriedenstellend empfunden wurde, lassen allerdings schon die vier Empfehlungen der Kultusministerkonferenz zur Eintragung von Kulturgütern in das Verzeichnis national wertvollen Kulturgutes vermuten, die zwischen 1976 und 2010 formuliert wurden.[34] Den Beschlüssen waren jeweils ausführliche und teils über mehrere Jahre andauernde Beratungen von Bund und Ländern vorausgegangen, wobei insbesondere vonseiten des Bundes immer wieder die Uneinheitlichkeit der Verzeichnisse sowie die restriktive Verwaltungspraxis der Länder kritisiert worden war. Nach Sichtung der umfangreichen Aktenbestände aus den Jahren 1945 bis 2015 muss dies als Reaktion auf eine Verfahrensweise gedeutet werden, die in einigen Ländern schon lange gang und gäbe war, im Ergebnis aber zu sehr unterschiedlichen Schutzverzeichnissen führte.

---

32 Siehe dazu von der Decken/Fechner/Weller 2022, S. 163, sowie Böhm 2021, S. 127, und Kimmig 2022, S. 419.

33 Deutscher Bundestag: Bericht der Bundesregierung zum Kulturgutschutz in Deutschland, BT-Drucksache 17/13378, 29.04.2013, S. 10, 23–26, URL: https://dserver.bundestag.de/btd/17/133/1713378.pdf, letzter Zugriff am 22.02.2024.

34 Kultusministerkonferenz: „Beschluss über die Ausdehnung des Gesamtverzeichnisses im Gesetz zum Schutz deutschen Kulturguts gegen Abwanderung vom 6.8.1955", 03.12.1976, abgedruckt in: *Sammlung der Beschlüsse der Ständigen Konferenz der Kulturminister der Länder in der Bundesrepublik Deutschland*, Nr. 2005; Kultusministerkonferenz: „Kriterienkatalog zum Vollzug des Gesetzes gegen Abwanderung vom 6.8.1955", 20.05.1983, abgedruckt in: *Sammlung der Beschlüsse der Ständigen Konferenz der Kulturminister der Länder in der Bundesrepublik Deutschland*, Nr. 2005.I; Kultusministerkonferenz: „Empfehlung der Kultusministerkonferenz zur Eintragung von Kulturgütern in das Verzeichnis national wertvollen Kulturguts", 22.04.2004, online abrufbar unter: https://www.kmk.org/dokumentation-statistik/beschluesse-undveroeffentlichungen/kunst-kultur.html#c2570, letzter Zugriff am 07.02.2018; Kultusministerkonferenz: „Empfehlung der Kultusministerkonferenz für Eintragungen in das Verzeichnis national wertvollen Kulturgutes und das Verzeichnis national wertvoller Archive nach dem Gesetz zum Schutz deutschen Kulturgutes gegen Abwanderung", 29.04.2010, online abrufbar: https://www.kmk.org/dokumentation-statistik/beschluesse-undveroeffentlichungen/kunst-kultur.html#c2570, letzter Zugriff am 07.02.2018.

Das Verzeichnis als Mittel zur Förderung musealer Sammlungsinteressen

Verfahren zur Eintragung von Kulturgütern aus Privateigentum waren meist nicht infolge einer systematischen Überprüfung der Landesbestände eingeleitet worden, sondern auf Bitten eines deutschen Museums. Diese hatten zwar auch nach alter Rechtslage in den meisten Ländern kein offizielles Antragsrecht, doch suchten die verantwortlichen Behörden bei der Erstellung und Ergänzung des Verzeichnisses von Beginn an den engen Austausch mit den wichtigsten kunst- und kulturhistorischen Museen und gingen, wie Charlotte Klonk in diesem Band ausführlicher darlegt, davon aus, dass diese im Bedarfsfall durch entsprechende Hinweise auf eine Eintragung hinwirken würden.[35] Von Vorteil war das nicht nur aufgrund der Expertise der Museumsfachleute, sondern auch aufgrund ihrer teils engen Verbindung zu Sammler/-innen und dem daraus resultierenden Wissen um wertvolle Werke in privatem Besitz. Auch wurden die Leitenden der großen Häuser seit 1955 kontinuierlich in die Landessachverständigenkommissionen berufen, die vor jeder Eintragungsentscheidung zu konsultieren waren, und hatten auch dadurch einen nicht unerheblichen Einfluss auf die Gesetzesanwendung.[36]

Empfohlen wurde die Unterschutzstellung privater Kulturgüter vonseiten der Museen jedoch in den meisten Fällen nur dann, wenn die Eigentümer/-innen einen Verkauf in Erwägung zogen und man selbst an einem Ankauf interessiert war. Das galt keineswegs nur für jene Objekte, die plötzlich auf dem Markt auftauchten, sondern auch für solche, deren Existenz und Belegenheit schon seit Langem bekannt waren, sei es durch ihre Zugehörigkeit zu einer fürstlichen Sammlung oder als Dauerleihgabe an ein staatliches

35 Verfahren zur Überprüfung der Eintragungswürdigkeit konnten gemäß § 3 Abs. 1 KultgSchG auf Antrag oder von Amts wegen eingeleitet werden. Wer antragsberechtigt war, regelten die Durchführungsverordnungen der Länder, siehe dazu den Beitrag von Charlotte Klonk in diesem Band, S. 100.

36 Nach § 2 Abs. 2 KultGSchG hatte die oberste Landesbehörde vor der Entscheidung über die Eintragung einen von ihr zu berufenden fünfköpfigen Sachverständigenausschuss zu hören, dem „Fachleute aus den öffentlichen Verwaltungen, der Hochschullehrer, der privaten Sammler, des Kunsthandel und Antiquariats" angehören mussten. Bindend war die Empfehlung des Ausschusses allerdings nicht. Auch nach heutigem Recht dürfen Kulturgüter nur „im Benehmen" mit einem Sachverständigenausschuss eingetragen werden, der mit „sachkundigen Personen aus dem Kreis der Kulturgut bewahrenden Einrichtungen, der Wissenschaft, des Kunsthandels und Antiquariats sowie der privaten Sammlerinnen und Sammler" zu besetzen ist, § 14 Abs. 2 u. 3 KGSG.

Museum. So bat beispielsweise die Stiftung Preußischer Kulturbesitz die Berliner Senatsverwaltung um die Eintragung des Gemäldes *Kleinkinderschule in Amsterdam* von Max Liebermann, das sich bereits seit 20 Jahren als Dauerleihgabe in der Alten Nationalgalerie Berlin befunden hatte.[37]

Max Liebermann, Kleinkinderschule in Amsterdam, 1880, Öl auf Leinwand, 68 x 98 cm, Staatliche Museen zu Berlin, Nationalgalerie, Leihgabe der Stiftung Deutsche Klassenlotterie

Der Grund dafür, dass die Stiftung im Juni 2013 die Initiative ergriff und die Senatsverwaltung in der Folge das Eintragungsverfahren einleitete, war die überraschende Kündigung des Leihvertrags und das Bekanntwerden von Verkaufsabsichten.[38] Die Eigentümer werteten dieses Vorgehen als einen

37 Stiftung Preußischer Kulturbesitz: Schreiben an den Regierenden Bürgermeister von Berlin, 10.07.2013, überliefert in: Senatsverwaltung für Kultur und Europa Berlin, Eintragung in das Verzeichnis national wertvollen Kulturgutes, 2012–2013, Eintragung 3/2013.

38 Senatskanzlei für Kulturelle Angelegenheiten Berlin: Internes Schreiben, 17.06.2016, überliefert in: Senatsverwaltung für Kultur und Europa Berlin, Eintragung in das Verzeichnis national wertvollen Kulturgutes, 2012–2013, Eintragung 3/2013.

„taktischen Zug des Museums [...], das dieses Bild unbedingt behalten will", und warfen der Senatsverwaltung vor, sich „als Hilfsorgan bei Verkaufsverhandlungen" einspannen zu lassen.[39] Zum raschen Verkauf gezwungen, boten sie das Gemälde der Alten Nationalgalerie schließlich dennoch zum „Vorzugspreis" an.[40] Wie die Auswertung von rund 200 Vorgangsakten gezeigt hat, war das kein Einzelfall. Eine Vielzahl weiterer Eintragungen war sowohl vonseiten der Museen als auch vonseiten der Landesbehörden mit der Hoffnung verbunden, dass sich die Eigentümer/-innen infolge des Ausschlusses vom internationalen Kunstmarkt auf einen niedrigeren Kaufpreis einlassen würden. Angesichts der seit den 1980er Jahren immer rasanter steigenden Preise, allen voran für Gemälde, und der begrenzten Ankaufsbudgets für staatliche Institutionen war das oft die einzige Möglichkeit, wertvolle Werke für ihre Sammlungen zu sichern.[41] Das Ziel der Unterschutzstellung war in diesen Fällen also nicht einfach der Schutz eines wertvollen Kulturgutes vor der Abwanderung ins Ausland, sondern die Überführung von Privateigentum in öffentliches Eigentum zur langfristigen Sicherung für den deutschen Museumsbesitz.

Kamen Objekte aus fürstlichen Sammlungen auf den Markt, ging die Initiative teils auch von den Landesbehörden selbst aus, die die ansässigen Museen um eine Prüfung möglicher Erwerbsabsichten baten. So leitete beispielsweise Baden-Württemberg nach Bekanntgabe des Versteigerungstermins für die Kunstsammlung des Markgrafen von Baden in enger Abstimmung mit drei staatlichen Sammlungen das Eintragungsverfahren für sieben Objekte ein, für die ein konkretes Erwerbsinteresse bekundet worden war – darunter ein Eulenpokal aus Nürnberg, ein Schreibpult von David Roentgen und ein Passionsbild des süddeutschen Malers Bernhard

39 Erbengemeinschaft: Schreiben an Senatskanzlei für Kulturelle Angelegenheiten Berlin, 18.06.2013, überliefert in: Senatsverwaltung für Kultur und Europa Berlin, Eintragung in das Verzeichnis national wertvollen Kulturgutes, 2012–2013, Eintragung 3/2013.

40 Einrichtungsförderung der Stiftung Preußischer Kulturbesitz und Stiftung Preußischer Schlösser und Gärten Berlin-Brandenburg: Internes Schreiben, 29.07.2013, überliefert in: Senatsverwaltung für Kultur und Europa Berlin, Eintragung in das Verzeichnis national wertvollen Kulturgutes, 2012–2013, Eintragung 3/2013.

41 Zur Entwicklung des Kunstmarktes seit den 1980er Jahren siehe Max Hollein: „Der Kunstmarktboom der achtziger Jahre", in: ders.: *Zeitgenössische Kunst und der Kunstmarktboom*, Wien/Köln/Weimar 1999, S. 23–62; sowie Christian Herchenröder: „Alte Märkte, neue Märkte: Eine Chronik der achtziger Jahre", in: ders.: *Die neuen Kunstmärkte. Analyse, Bilanz, Ausblick*, Düsseldorf 1990, S. 41–61.

Strigel.[42] Die Versteigerung der markgräflichen Sammlung im Jahr 1995 markierte den vorläufigen Höhepunkt einer Entwicklung, die rund zehn Jahre zuvor eingesetzt hatte und mehrere Unterschutzstellungen nach sich zog: Nachdem in den ersten Jahrzehnten nach Ende des Zweiten Weltkrieges kaum umfangreichere Verkäufe aus deutschem Adelsbesitz zu verzeichnen gewesen waren, trennten sich seit Mitte der 1980er Jahre immer mehr Fürstenhäuser von ihrem ererbten Kunstbesitz. Als Wendepunkt gilt laut Wilfried Rogasch die aufsehenerregende Versteigerung des *Evangeliars Heinrich des Löwen* aus dem Eigentum des Welfenhauses durch das Auktionshaus Sotheby's in London im Jahre 1983, die einen „grundlegenden Mentalitätswandel“ eingeleitet habe:

> Die älteren Vertreter der Fürstenhäuser sahen sich aus Traditionsbewusstsein und Adelsstolz stark dem Grundsatz des Bewahrens verpflichtet. Doch die Vertreter der jüngeren Genration hängen überwiegend einem bürgerlichen Eigentumsbegriff an, der vor allem nach der Rentabilität der Kunstschätze fragt.[43]

Mittlerweile ist nach Einschätzung Rogaschs „etwa die Hälfte des privaten adligen Kunstbesitzes verkauft worden“, wodurch wertvolle kulturelle Zusammenhänge zerstört sowie „regionale oder nationale Identitäten beschädigt“ worden seien.[44]

---

42 Baden-Württemberg, Nr. 01113*, 01617*, 01619*. Ministerium für Familie, Frauen, Weiterbildung und Kunst Baden-Württemberg: Interner Vermerk, November 1994, überliefert in: HStA Stuttgart, EA 13/404 Bü. 1079: Gesetz zum Schutz deutschen Kulturguts gegen Abwanderung, Grundsätzliches, 1994–1995; Badisches Landesmuseum Karlsruhe: Schreiben an Ministerium für Familie, Frauen, Weiterbildung und Kunst Baden-Württemberg, 05.03.1995, überliefert in: HStA Stuttgart, EA 13/404 Bü. 1079; Ministerium für Familie, Frauen, Weiterbildung und Kunst Baden-Württemberg: Interner Vermerk, 06.03.1995, überliefert in: HStA Stuttgart, EA 13/404 Bü. 1079; Germanisches Nationalmuseum Nürnberg: Schreiben an Ministerium für Familie, Frauen, Weiterbildung und Kunst Baden-Württemberg, 30.03.1995, überliefert in: HStA Stuttgart, EA 13/404 Bü. 1079; Ministerium für Familie, Frauen, Weiterbildung und Kunst Baden-Württemberg: Sachstandsbericht „Bewegliches Kulturgut des Markgrafen von Baden“, 12.07.1995, überliefert in: HStA Stuttgart, EA 13/404 Bü. 1080: Gesetz zum Schutz deutschen Kulturguts gegen Abwanderung, Grundsätzliches, 1995–1996.

43 Wilfried Rogasch: „Reichtum und Gefährdung – National wertvolle Kulturgüter in adligem Privatbesitz“, Vortrag im Rahmen der Tagung *Verzeichnis national wertvollen Kulturgutes: Praxis, Probleme, Perspektiven* der Kulturstiftung der Länder am 29./30.04.2009 in Berlin, S. 5, überliefert in: Hessisches Ministerium für Wissenschaft und Kunst, 753/21.000: Gesetz zum Schutz deutschen Kulturgutes gegen Abwanderung, Allgemeines, 2008–2016.

44 Rogasch 2009, S. 6.

Die Versteigerung des mittelalterlichen Evangeliars aus dem Benediktinerkloster Helmarshausen blieb auch für den deutschen Abwanderungsschutz nicht ohne Folgen. Sie führte den Verantwortlichen auf Bundes- und Landesebene sowohl das Problem der mangelnden Kenntnis von Werken in Privatbesitz und ihrer aktuellen Belegenheit als auch das Problem unzureichender Ankaufsbudgets mit neuer Dringlichkeit vor Augen. Es bedurfte viel Verhandlungsgeschicks und eines großen finanziellen Einsatzes von staatlicher und privater Seite, um die unglaubliche Summe von 32,25 Millionen D-Mark aufzubringen und dieses Hauptwerk der norddeutschen Buchmalerei des 12. Jahrhunderts für Deutschland zurückzugewinnen.[45] In der Folge erneuerten die Länder ihre Forderung nach einem gemeinsamen Entschädigungsfond zur Erhaltung oder Rückerwerbung national wertvoller Kunstwerke für die Bundesrepublik Deutschland.[46] Die Notwendigkeit eines solchen „Feuerwehrfonds“, wie er auch gerne genannt wurde,[47] für die Finanzierung dringender Ankäufe war schon 30 Jahre zuvor erkannt worden, nachdem auch die Erwerbungen des *Codex Aureus Epternacensis* der Abtei Echternach aus dem Eigentum des Herzogs von Sachsen-Coburg und Gotha und das heute auch als „Raczyński Tondo“ bekannte Gemälde *Maria mit dem Kind und singenden Engeln* von Sandro Botticelli aus dem Eigentum des Grafen Raczyński im Jahr 1953 bereits enorme finanzielle und administrative Ressourcen gebunden hatten – und das obwohl sich beide Werke im Geltungsbereich des Gesetzes befunden hatten und bereits

45 Eckart Spoo: „SPD sieht Ungereimtheiten bei Erwerb des Evangeliars“, in: *Frankfurter Rundschau*, 28.09.1984, überliefert in: HHStA Wiesbaden, Best. 502 Nr. 9385: Planung und Durchführung überregionaler Kulturprojekte, Bd. 8, 1984. Das *Evangeliar Heinrich des Löwen* befindet sich heute in der Herzog August Bibliothek Wolfenbüttel (Cod. Guelf. 105 Noviss. 2°), Beschreibung und Faksimile unter: http://diglib.hab.de/?db=mss&list=ms&id=105-noviss-2f, letzter Zugriff am 14.03.2024.

46 Kultusministerkonferenz: Vermerk zur Bund-Länder-Besprechung zur Änderung des Gesetzes zum Schutz deutschen Kulturgutes gegen Abwanderung am 18.10.1983, 20.10.1983, überliefert in: StA Hamburg, 363-6_19: Gesetz zum Schutz deutschen Kulturgutes gegen Abwanderung, 1976–1983; Bayerisches Staatsministerium für Unterricht und Kultus: Protokoll Sitzung Unterausschuss Museen und Denkmalpflege der Kultusministerkonferenz am 17./18.11.1983, 21.11.1983, überliefert in: StA Hamburg, 363-6_19.

47 So beispielsweise bei einer Diskussion mit Sachverständigen und Fachverbänden, zu der das Bundesinnenministerium im Juli 1982 geladen hatte, siehe Bundesministerium des Innern: Niederschrift über den Verlauf und wesentliche Diskussionsergebnisse des mit Fachverbänden und Experten geführten Gesprächs zum Thema „Gesetz zum Schutz deutschen Kulturgutes gegen Abwanderung“ am 30.06.1982, 15.12.1982, überliefert in: StA Hamburg, 363-6_19.

mit einer Ausfuhrgenehmigungspflicht belegt gewesen waren.[48] Denn selbst wenn ein Ausfuhrverbot die Verhandlungsposition des Staates ohne Zweifel stärkt, ist natürlich keineswegs gesichert, dass die vorhandenen Mittel eines Landes für den Ankauf von Objekten diesen Ranges ausreichen. Nachdem sich die Pläne zur Errichtung einer „Deutschen Nationalstiftung“ unter Federführung des Bundes nach langem Ringen als unrealisierbar erwiesen hatten, gab Baden-Württemberg mit der Idee einer länderübergreifenden „Einkaufsgenossenschaft zur Förderung und Bewahrung von Kunst und Kultur nationalen Ranges“ schließlich den Anstoß für die Gründung der Kulturstiftung der Länder im Jahr 1987.[49] Und auch wenn deren Aufgaben

---

48 Zum Erwerb des *Codex Aureus Epternacensis* siehe Bayerisches Staatsministerium für Unterricht und Kultus: Schreiben an die Kultusministerien der Länder, 13.01.1955, überliefert in: HStA Stuttgart, EA 3/203 Bü. 126: Schutz wertvoller Kulturgüter vor Abwanderung ins Ausland, 1955–1957; sowie Bayerisches Staatsministerium für Unterricht und Kultus: Protokoll der Sitzung des Sachverständigenausschusses des Landes Bayern am 10.12.1956, 21.12.1956, überliefert in: BayHStA, MK 51497: Gesetz zum Schutz von Kulturgut gegen Abwanderung: Verzeichnis national wertvoller Kunstwerke, 1948–1959. Der Codex zählt heute zu den Hauptwerken des Germanischen Nationalmuseums in Nürnberg, Beschreibung und Abbildung unter: http://objektkatalog.gnm.de/objekt/KG1138, letzter Zugriff am 15.03.2024. Zum Erwerb von Sandro Botticellis Gemälde *Maria mit dem Kind und singenden Engeln* siehe Bundesministerium des Innern: Schreiben an die Kultusministerien der Länder, 13.07.1953, überliefert in: NLA Hannover, Nds. 401 Acc. 112/83 Nr. 467: Erwerb des Botticelli-Gemäldes „Madonna mit singenden Engeln“ von dem Grafen Sigismund Raczynski durch Bund und Länder, um eine Ausfuhr aus Deutschland zu verhindern, 1953–1955; sowie Bundesministerium des Innern: Schreiben an die Kultusministerien der Länder, 09.02.1954, überliefert in: NLA Hannover, Nds. 401 Acc. 112/83 Nr. 467. Dank des Ankaufs befindet sich das Werk noch heute in der Sammlung der Gemäldegalerie Berlin, Objektbeschreibung und Abbildung unter: https://id.smb.museum/object/865761/maria-mit-dem-kind-und-singenden-engeln-raczy%C5%84ski-tondo, letzter Zugriff am 15.03.2024.

49 Einen ersten Entwurf eines Abkommens über die Errichtung einer Kulturstiftung der Länder hatte der Ministerpräsident von Baden-Württemberg Lothar Späth schon im Oktober 1981 vorgelegt (Ministerpräsident Baden-Württemberg: Schreiben an die Ministerpräsidenten der Länder inkl. „Entwurf eines Abkommens über die Errichtung eines Kulturfonds“, 20.05.1981, überliefert in: HHStA Wiesbaden, Best. 502 Nr. 9383: Planung und Durchführung überregionaler Kulturprojekte, Bd. 6, 1981–1982). Aufgegriffen wurde diese Idee dann zunächst im Rahmen einer vom Bundesinnenministerium organisierten Diskussion mit Fachverbänden und Sachverständigen über „Probleme des Gesetzes“ unter Berücksichtigung der „wirtschaftlichen, steuerlichen, sozialen und künstlerischen Bedingungen“ (Bundesministerium des Innern: Niederschrift über den Verlauf und wesentliche Diskussionsergebnisse des mit Fachverbänden und Experten geführten Gesprächs zum Thema „Gesetz zum Schutz deutschen Kulturgutes gegen Abwanderung“ am 30.06.1982, 15.12.1982, über-

mittlerweile erweitert wurden, ist ihr erster Stiftungszweck noch heute die „Förderung des Erwerbs besonders wichtiger und bewahrungswürdiger Zeugnisse für die deutsche Kultur, vor allem wenn deren Abwanderung ins Ausland verhindert werden soll".[50]

Der wesentliche Grund dafür, dass Verfahren zur Eintragung von Werken aus Privatbesitz jedoch auch weiterhin meist nur dann eingeleitet wurden, wenn eine Ausfuhr kurz bevorstand und sich die Möglichkeit eines Erwerbs bot, war die Befürchtung der Museen, ansonsten die Gunst fördernder Personenkreise zu verlieren und damit schlimmstenfalls zukünftige Leihgaben, Ankäufe oder Schenkungen zu vereiteln. So verzichtete beispielsweise Hamburg bei der Aufstellung des ersten bundesdeutschen Verzeichnisses auf die Eintragung von Ernst Barlachs *Fries der Lauschenden*, obwohl das Werk bei einer länderübergreifenden Beratung der Listenentwürfe übereinstimmend als eintragungswürdig eingestuft worden war.[51] Ausschlaggebend für die Entscheidung der Hansestadt war die Sorge zweier ansässiger Museumsdirektoren, dass eine Eintragung das bestehende Vertrauensverhältnis zum Eigentümer, dem Hamburger Unternehmer und Kunstsammler Hermann F. Reemtsma, langfristig beschädigen könnte.[52] Wie der folgende Fall des Bildnisses Friedrich des Großen von Georg Ziesenis von 1763 zeigt, wussten die Privateigentümer/-innen dieses Abhängigkeitsverhältnis durchaus für sich zu nutzen.

liefert in: StA Hamburg, 363-6_19), und nach dem Bekanntwerden mehrerer Fälle „erfolgter und beabsichtigter Veräußerungen" schließlich auch von der Kultusministerkonferenz (Bayerisches Staatsministerium für Unterricht und Kultus: Protokoll Sitzung Unterausschuss Museum und Denkmalpflege der Kultusministerkonferenz am 17./18.11.1983, 21.11.1983, überliefert in: StA Hamburg, 363-6_19). Zur Gründung der Kulturstiftung der Länder siehe die Aktenbestände zur „Planung und Durchführung überregionaler Kulturprojekte", überliefert in: HHStA Wiesbaden, Best. 502 Nr. 9382–9385, 9388, 9389.

50 Kulturstiftung der Länder: „Richtlinien für die Erwerbungsförderung", § 2 Stiftungszweck, URL: https://www.kulturstiftung.de/wp-content/uploads/2019/08/Kulturstiftung-der-Länder-Förderrichtlinien-Erwerbungen.pdf, letzter Zugriff am 13.06.2022.

51 Denkmalschutzamt Hamburg: Interner Vermerk, 04.03.1957, überliefert in: StA Hamburg, 363-6_1047: Gesetz zum Schutz deutschen Kulturgutes gegen Abwanderung, 1954–1958.

52 Kunstgeschichtliches Seminar der Universität Göttingen: Schreiben an Kulturbehörde Hamburg, 29.07.1958, überliefert in: StA Hamburg, 363-6_1047.

Johann Georg Ziesenis d. J., Friedrich II. König von Preußen, 1973, Ölstudie auf Leinwand, 59 x 48 cm, Privatbesitz

Das Haus Hannover, in dessen Besitz sich die Ölskizze seit Jahrzehnten befand, versuchte das Land Niedersachsen Anfang der 1960er Jahre zur Löschung der erst kürzlich vollzogenen Eintragung zu zwingen. Dazu drohte man die bereits versprochene Leihgabe einer wertvollen Bibliothek zurückzuziehen.[53] Ohne den Sachverständigenausschuss anzuhören, entschloss sich das niedersächsische Kultusministerium daraufhin zur Streichung. Dabei hatte man die Rechnung allerdings ohne das Bundesinnenministerium gemacht, das sich nach dem Bekanntwerden des Vorgangs aufgrund mangelnder Begründung zur „Wahrung eines gemeindeutschen Interesses" mit

53 Prinz von Hannover: Schreiben an den Niedersächsischen Kultusminister, 05.09.1961, überliefert in: NLA Hannover, Nds. 401 Acc. 112/83 Nr. 321.

einem Antrag auf Wiedereintragung einschaltete.[54] Die infolgedessen in Auftrag gegebenen Fachgutachten sprachen sich aufgrund des kunst- und kulturhistorischen Wertes des Gemäldes mehrheitlich für die Wiedereintragung aus – vornehmlich deshalb, weil es sich „um das einzige Bild aus den späteren Jahren Friedrichs des Großen handelt, zu dem der Monarch gesessen" habe.[55] Dennoch entschieden sich Landes- und Bundesministerium sieben Jahre später einvernehmlich für die Streichung des Gemäldes von der Liste, um den Erhalt der Bibliothek und möglicher weiterer Leihgaben zu sichern und das Verhältnis zum Prinzen von Hannover – einem wichtigen Förderer der Landeskultur – nicht zu belasten.[56] Voraussetzung dafür war lediglich die schriftliche Erklärung des Adelshauses, das Land „im Falle eines geplanten Verkaufes rechtzeitig [zu] informieren".[57]

In anderen Fällen erwies sich eine Unterschutzstellung sowohl aus Sicht der Museen als auch aus Sicht der Privatsammler/-innen als Vorteil. Das wohl eindrücklichste Beispiel dafür sind die insgesamt 44 Gemälde aus der Hand französischer, italienischer, niederländischer, spanischer und englischer Künstler, die Bayern zwischen 1956 und 1988 in die Liste aufnahm.[58] Diese waren jeweils erst kurz zuvor durch die Bayerische Hypotheken- und Wechsel-Bank im Ausland erworben und der Alten Pinakothek in München als Dauerleihgaben überlassen worden.[59] Die Annahme, dass diesen Eintragungen vonseiten der Eigentümerin steuerliche Motive zugrunde

54 Gemäß § 3 Abs. 2 KultGSchG konnte der Bundesinnenminister zur „Wahrung eines gemeindeutschen Interesses" die Eintragung beantragen.

55 Bundesministerium des Innern: Schreiben an den Niedersächsischen Kultusminister, 05.06.1963, überliefert in: NLA Hannover, Nds. 401 Acc. 112/83 Nr. 322: Schutz des deutschen Kulturgutes, Liste der national wertvollen Kunstwerke, 1962–1971. Zur Entstehungsgeschichte und Deutung des Bildnisses siehe Karin Schrader: „Das Bildnis Friedrich des Großen. Zur Porträtauffassung und zur Problematik der Porträtähnlichkeit", in: dies.: *Der Bildnismaler Johann Georg Ziesenis (1716–1776). Leben und Werk mit kritischem Oeuvrekatalog*, Münster 1995, S. 101–119.

56 Niedersächsisches Kultusministerium: Interner Vermerk, 05.10.1961, überliefert in: NLA Hannover, Nds. 401 Acc. 112/83 Nr. 321.

57 Vereinbarung zwischen dem Land Niedersachsen und dem Haus Hannover, 20.08.1965, überliefert in: NLA Hannover, Nds. 401 Acc. 112/83 Nr. 322.

58 Bayern, Nr. 02111–02126, 02129–02131, 02133, 02134, 02136–02147, 02149, 02150, 02155, 02158, 02160–02162, 02167, 02168.

59 Herman Bauer/Wolf Dieter Dube (Hg.): *Meisterwerke des 18. Jahrhunderts. Sammlung der Bayerischen Hypotheken- und Wechsel-Bank in der Alten Pinakothek*, München 1966, S. 5. Siehe dazu auch Erich Steingräber: „Vorwort", in: Bayerische Hypotheken- und Wechsel-Bank AG (Hg.): *Die Kunstsammlung der Bayerischen Hypotheken- und Wechsel-Bank AG*, München 1980, S. 6.

lagen, wird durch weitere Anträge bayerischer und niedersächsischer Bankhäuser gestützt, die für den Zeitraum von 1980 bis 1994 vorliegen. Allen gemein ist die vorherige Bereitstellung der Objekte als Dauerleihgabe sowie die Bitte um Eintragung bis Ende des jeweiligen Jahres. Teils wurden die Anträge auch explizit mit der Freistellung von der Vermögensbesteuerung begründet.[60] Nachdem das Bundesverfassungsgericht das *Gesetz zur Erhebung einer Vermögenssteuer* 1995 für verfassungswidrig erklärt hatte, gingen keine Anträge dieser Art mehr ein. Das Motiv für die positive Entscheidung durch die Landesbehörden scheint die möglichst langfristige Sicherung der Leihgaben für die staatlichen Sammlungen gewesen zu sein. So belegen die Kataloge der Hypotheken- und Wechsel-Bank, dass die Auswahl der unter Schutz gestellten Gemälde im Vorfeld mit den Bayerischen Staatsgemäldesammlungen abgestimmt und mit den Ankäufen gezielt versucht worden war, bestehende Lücken der Sammlung zu schließen und die Alte Pinakothek „mit neuen, wichtigen Akzenten" zu beleben.[61]

Neben der Befreiung von der Vermögenssteuer bot auch der Erlass der Erbschaftssteuer in den Augen von Eigentümer/-innen einen Vorteil, der auch den Museen zugutekommen konnte. Das zeigt beispielhaft der Eklat um die Eintragung des Gemäldes *Eifersucht* des norwegischen Künstlers Edvard Munch. Das Hessische Ministerium für Wissenschaft und Kunst bat den Sachverständigenausschuss in einem Schreiben vom 15. Dezember 2004 um die Befürwortung der Eintragung des Werkes, das sich bereits seit 1965 als Leihgabe im Städel Museum in Frankfurt am Main befand und dem Museum von der Eigentümerin im Falle einer Eintragung als Schenkung oder Dauerleihgabe versprochen worden sei. Sollte bis zum 27. Dezember desselben Jahres keine gegenteilige Nachricht eingehen, werde, so hieß es, die Eintragung veranlasst.[62] Zwei der Mitglieder äußerten daraufhin nicht nur ihr Unverständnis über das überstürzte Vorgehen

---

60 Siehe dazu unter anderem Bayerische Hypotheken- und Wechsel-Bank AG: Antrag auf Eintragung in das Verzeichnis national wertvollen Kulturguts, 09.12.1987, überliefert in: Bayerisches Staatsministerium für Unterricht und Kultus, K 1008/3/2: Schutz von Kulturgut, Verzeichnis national wertvoller Kunstwerke gegen Abwanderung, Bd. 9, 1987–1988; sowie Stadtsparkasse Hannover: Schreiben an Niedersächsisches Kultusministerium, 04.09.1980, überliefert in: NLA Hannover, Nds. 401 Acc. 2009/092 Nr. 26: Gesamtverzeichnis national wertvollen Kulturgutes, 1980–1984.

61 Halldor Soehner: „Vorwort", in: Herman Bauer/Wolf Dieter Dube (Hg.): *Meisterwerke des 18. Jahrhunderts. Sammlung der Bayerischen Hypotheken- und Wechsel-Bank in der Alten Pinakothek*, München 1966, S. 7–9, hier S. 8.

62 Hessisches Ministerium für Wissenschaft und Kunst: Schreiben an die Mitglieder des Sachverständigenausschusses des Landes Hessen, 15.12.2004, überliefert in: Hes-

Edvard Munch, Eifersucht, 1913, Öl auf Leinwand, 85 x 130 cm, Städel Museum, Frankfurt am Main, Leihgabe aus Privatbesitz

und die ihrer Meinung nach unzureichende Beteiligung des Ausschusses,[63] sondern monierten die „willkürlich Handhabung“ des Gesetzes,[64] den Einfluss von „Nebeninteressen“[65] und die Befangenheit des verantwortlichen Museumsvertreters als Antragsteller, Ausschussmitglied und „Empfänger der Donation“.[66] Die durch das Städel Museum vorgebrachte Begründung, es handle sich bei dem Gemälde um „ein bedeutendes Beispiel der Ausein-

sisches Ministerium für Wissenschaft und Kunst, SA 0001: National wertvolles Kulturgut. SV-Ausschuss des Landes Hessen (Munch), 2003–2006.

63 Mitglied des Sachverständigenausschusses des Landes Hessen: Schreiben an Hessisches Ministerium für Wissenschaft und Kunst, 20.12.2004, überliefert in: Hessisches Ministerium für Wissenschaft und Kunst, SA 0001

64 Mitglied des Sachverständigenausschusses des Landes Hessen: Schreiben an Hessisches Ministerium für Wissenschaft und Kunst, 09.01.2005, überliefert in: Hessisches Ministerium für Wissenschaft und Kunst, SA 0001.

65 Hessisches Ministerium für Wissenschaft und Kunst: Aktenvermerk zum Eintragungsverfahren Edvard Munch „Eifersucht“, 05.01.2005, überliefert in: Hessisches Ministerium für Wissenschaft und Kunst, SA 0001.

66 Mitglied des Sachverständigenausschusses des Landes Hessen: Zusammenfassung des Gesprächs vom 11.05.2005 im Hessischen Ministerium für Wissenschaft und Kunst,

andersetzung Edvard Munchs mit dem deutschen Expressionismus",[67] sei nicht haltbar; zudem rechtfertige weder „die Stellung dieser Fassung im Oeuvre [...] noch die Position in der Geschichte der Malerei des 20. Jahrhunderts" die Eintragung. Die „wahren Gründe" für den Antrag seien „ausschließlich steuerlicher Natur"[68] und beträfen nach Meinung der Sachverständigen die Erbschaftssteuer für das Gemälde, die zum Ende des Jahres 2004 fällig gewesen wäre.[69] Die Forderung nach einem externen Fachgutachten wurde durch das Ministerium mit dem Hinweis auf fehlende Mittel und die entsprechende Verantwortung des Ausschusses abgelehnt.[70] An der Eintragung wurde festgehalten. Eines der beiden Mitglieder verließ daraufhin aus Protest den Ausschuss.[71]

Dieser Konflikt macht die diffizile Rolle der Museumsvertreter/-innen im Verfahren beispielhaft deutlich. Während es eine ihrer wichtigsten Aufgaben ist, die ihnen anvertraute Sammlung zum Wohle der Allgemeinheit vor Verlusten zu schützen und zu erweitern, verlangt ihre Rolle als Sachverständige im Rahmen der Landesausschüsse einen interessenlosen Blick und eine objektive Bewertung der Eintragungswürdigkeit. Gleichzeitig sind in der Regel auch die Behörden daran interessiert, dass die als „national wertvoll" klassifizierten und von Abwanderung bedrohten Kulturgüter durch einen Ankauf langfristig für den Museumsbesitz des Landes gesichert, in ihrer Substanz erhalten und der Öffentlichkeit zugänglich gemacht werden. So kommen die Sammlungsinteressen der Museen unweigerlich doch wie-

---

14.05.2005, überliefert in: Hessisches Ministerium für Wissenschaft und Kunst, SA 0001.

67 Hessisches Ministerium für Wissenschaft und Kunst: Schreiben an die Mitglieder des Sachverständigenausschusses des Landes Hessen, 15.12.2004, überliefert in: Hessisches Ministerium für Wissenschaft und Kunst, SA 0001.

68 Mitglied des Sachverständigenausschusses des Landes Hessen: Schreiben an Hessisches Ministerium für Wissenschaft und Kunst, 09.01.2005, überliefert in: Hessisches Ministerium für Wissenschaft und Kunst, SA 0001.

69 Mitglied des Sachverständigenausschusses des Landes Hessen: Zusammenfassung des Gesprächs vom 11.05.2005 im Hessischen Ministerium für Wissenschaft und Kunst, 14.05.2005, überliefert in: Hessisches Ministerium für Wissenschaft und Kunst, SA 0001.

70 Das geht aus einer handschriftlichen Ergänzung auf dem folgenden Dokument hervor: Hessisches Ministerium für Wissenschaft und Kunst: Protokoll der Sitzung des Sachverständigenausschusses für das Land Hessen, 05.07.2005, überliefert in: Hessisches Ministerium für Wissenschaft und Kunst, SA 0001.

71 Mitglied des Sachverständigenausschusses des Landes Hessen: Schreiben an Hessisches Ministerium für Wissenschaft und Kunst, 18.01.2006, überliefert in: Hessisches Ministerium für Wissenschaft und Kunst, SA 0001.

der ins Spiel und beeinflussen oftmals schon die behördliche Entscheidung über die Einleitung eines Eintragungsverfahrens. Dass in der Folge auch die Begutachtung der Eintragungswürdigkeit im Ausschuss entsprechend ausfällt, ist nur folgerichtig, zumal die erforderliche Fachkenntnis oft bei eben dem Museum liegt, das Interesse an dem Ankauf des infrage stehenden Werkes hat. Wie die Vorgangsakten zeigen, führte das in der Praxis häufig dazu, dass deren Vertreter/-innen oft selbst die Fachgutachten verfassten, auf deren Basis der Ausschuss über die Aufnahme in das Verzeichnis entschied. Die übrigen Mitglieder vertrauten dann in der Regel der Expertise ihrer Kolleginnen oder Kollegen ohne weitere Begründung.

Das Verzeichnis nach Ende des Zweiten Weltkrieges

Wie Maria Obenaus in ihrer Untersuchung zum Verzeichnis der national wertvollen Kunstwerke in der Weimarer Republik und im Nationalsozialismus dargelegt hat, spielten sammlungspolitische Interessen der Museen für den deutschen Abwanderungsschutz von Beginn an eine zentrale Rolle.[72] Nach Ende des Zweiten Weltkrieges sprach sich der langjährige Direktor des Städelschen Kunstinstitutes in Frankfurt am Main, Ernst Holzinger, als erster für den Anschluss an die vorherige Rechtslage und die Erweiterung des letzten Verzeichnisentwurfes von 1938 aus und setzte sich als Referent des hessischen Kultusministeriums ab 1947 mit Erfolg dafür ein, dass die Länder der westdeutschen Besatzungszonen gemeinsam über die zukünftige Ausgestaltung des Abwanderungsschutzes berieten.[73] In der Folge wurde nicht nur die erste *Verordnung über die Ausfuhr von Kunstwerken* von 1919 wieder in Kraft gesetzt.[74] Die Länder einigten sich auch auf erste Richtlinien zur Erweiterung des bestehenden Verzeichnisses.[75]

72 Siehe dazu „Das Verzeichnis und die Museen" in: Obenaus 2016, S. 286–298.

73 Städelsches Kunstinstitut: Schreiben an Hessisches Ministerium für Kultus und Unterricht, 25.01.1947, überliefert in: HHStA Wiesbaden, Best. 504 Nr. 146: Erteilung von Exportgenehmigungen für Kunstgegenstände, 1947–1952.

74 *Verordnung über die Ausfuhr von Kunstwerken* (AusfVO), 11.12.1919, RGBI. v. 11.12.1919, S. 1961.

75 Länderrat der US-amerikanischen Besatzungszone: Protokoll der Sitzung der Kommission der Kunstreferenten, 21.10.1947, überliefert in: HStA Stuttgart, EA 1/014 Bü. 636: Beratungen zur Neufassung des Gesetzes über die Ausfuhr national wertvoller Kunstwerke sowie Tätigkeiten einer Kommission der Kunstreferenten, 1947–1948.

Als Grund für die akute Bedrohung führte Holzinger einerseits die bevorstehende Durchführung der Bodenreform in Hessen an, in deren Folge eine Zersplitterung der noch bestehenden Kunstsammlungen des ehemaligen deutschen Hochadels drohte. Andererseits stand in der US-amerikanischen Besatzungszone die Liberalisierung des Kunsthandels kurz bevor.[76] Die Militärregierung hatte diesen zunächst streng reglementiert, um die Restitution von NS-verfolgungsbedingt entzogenem Kulturgut vorzubereiten.[77] Mit der Handelsfreigabe drohten nun wertvolle Kunstwerke aus Privatbesitz auf den Markt zu strömen, die auch im Ausland von Interesse waren.[78] Problematisch war das für die deutschen Museen vor allem deshalb, weil ihnen so kurz nach Ende des verlorenen Krieges und in Zeiten anhaltender Währungsunsicherheit nur wenige bis gar keine Ankaufsmittel zur Verfügung standen und sie sich gegen die kaufkräftige Konkurrenz aus dem Ausland, allen voran aus den USA, mit großer Wahrscheinlichkeit nicht würden durchsetzen können.[79]

Doch wie unter anderem die Akten zur Eintragung von Objekten aus der Sammlung des deutsch-jüdischen Bankiers Maximilian Freiherr von Goldschmidt-Rothschild zeigen, war es Holzinger bei seiner Forderung abwanderungsschützender Maßnahmen auch darum gegangen, das eigene Museum vor Restitutionsforderungen aus dem Ausland zu schützen. Die Privatsammlung Goldschmidt-Rothschilds war infolge der Novemberpogrome 1938 unter Zwangsbedingungen an die Stadt Frankfurt verkauft und in den Besitz der drei wichtigsten Museen der Stadt überführt worden,

---

76 Städelsches Kunstinstitut: Schreiben an Hessisches Ministerium für Kultus und Unterricht, 25.01.1947, überliefert in: HHStA Wiesbaden, Best. 504 Nr. 146; Hessisches Ministerium für Kultus und Unterricht: Internes Schreiben, 27.08.1947, überliefert in: HStA Stuttgart, EA 1/014 Bü. 636.

77 Daniela Wilmes: *Wettbewerb um die Moderne. Zur Geschichte des Kunsthandels in Köln nach 1945* (Schriften zur modernen Kunsthistoriographie, Bd. 2), Berlin 2012, S. 81.

78 Wilmes 2012, S. 235.

79 Kurt Martin: „Die Situation der deutschen Museen nach dem Krieg", in: *Kunstchronik. Monatsschrift für Kunstwissenschaft, Museumswesen und Denkmalpflege*, 1/2(1948), S. 2–4, hier S. 2, URL: https://doi.org/10.11588/kc.1948.1/2.63872, letzter Zugriff am 07.11.2023. Das galt nachweislich auch für das Städelsche Kunstinstitut, siehe dazu Dorothea Schöne: „Revision, Restitution und Neubeginn. Das Städel nach 1945", in: Uwe Fleckner/Max Hollein (Hg.): *Museum im Widerspruch. Das Städel und der Nationalsozialismus* (Schriftenreihe der Forschungsstelle „Entartete Kunst", Bd. 6), Berlin 2010, S. 241–288, hier S. 263.

darunter auch das Städel unter der Leitung Holzingers.[80] Wie viele andere hatten die Erben des einstigen Frankfurter Mäzens schon kurz nach Kriegsende die Rückgabe der Sammlung gefordert.[81] Nachdem die Forderungen von Privatpersonen in der US-amerikanischen Besatzungszone mit Erlass des *Militärregierungsgesetzes Nr. 59 zur Rückerstattung feststellbarer Vermögensgegenstände an Opfer der nationalsozialistischen Unterdrückungsmaßnahmen* im November 1947 endlich eine gesetzliche Grundlage erhalten hatten, ließ sich ihre Restitution vonseiten der Stadt und der Museen nicht mehr verhindern.[82] In der Folge sorgte Holzinger nach Absprache mit anderen deutschen Museumsdirektoren dafür, dass jene Stücke in das Verzeichnis aufgenommen wurden, für die ein konkretes Erwerbsinteresse

80 Matthias Wagner K: „Bilder des Verschwundenseins. Die Sammlung Maximilian von Goldschmidt-Rothschilds", in: Deutsches Zentrum für Kulturgutverluste (Hg.): *Provenienzforschung in deutschen Sammlungen. Einblicke in zehn Jahre Projektförderung*, Berlin 2019, S. 233–240. Zur Enteignung und Restitution der Sammlung Goldschmidt-Rothschild durch die Stadt Frankfurt am Main siehe auch: Katharina Weiler: „Die Kunstobjekte Maximilian von Goldschmidt-Rothschilds. Biographie einer Sammlung im Spiegel der Geschichte des Museums für Angewandte Kunst, Frankfurt am Main", in: Evelyn Brockhoff/Franziska Kiermeier (Hg.): *Gesammelt, gehandelt, geraubt. Kunst in Frankfurt und der Region 1933–1945*, Frankfurt a. M. 2019, S. 139–153; Matthias Wagner K/Katharina Weiler (Hg.): *Die Sammlung von Maximilian von Goldschmidt-Rothschild*, Ausst.-Kat., Museum für Angewandte Kunst Frankfurt am Main, Köln 2023, S. 109–127. Erwähnung findet die Eintragung der Werke in das Verzeichnis der national wertvollen Kunstwerke auch bei Schöne 2010, S. 254, und bei Stefan Koldehoff: *Die Bilder sind unter uns. Das Geschäft mit der NS-Raubkunst*, Frankfurt a. M. 2009, S. 228.

81 Bräutigam: Schreiben an Kulturamt Frankfurt a. M., 06.08.1945, überliefert in: Institut für Stadtgeschichte Frankfurt a. M., Kulturamt 777, Bl. 2, sowie Museum für Kunsthandwerk 51, Bl. 59, beides zit. n. Weiler 2019, S. 149. Diese erste Rückgabeforderung erhielt in Abschrift auch Holzinger (Wagner K 2023, S. 136).

82 *Gesetz Nr. 59 zur Rückerstattung feststellbarer Vermögensgegenstände* (MRG Nr. 59), 10.11.1947, ABlMR AmZ G v. 10.11.1947, S. 1. Siehe dazu Thomas Armbruster: *Rückerstattung der Nazi-Beute. Die Suche, Bergung und Restitution von Kulturgütern durch die westlichen Alliierten nach dem Zweiten Weltkrieg* (Schriften zum Kulturgüterschutz), Berlin 2008, S. 460–475. Der Gesetzesentwurf war den deutschen Landesvertretern im Januar 1947 vorgelegt worden und so war es mit großer Wahrscheinlichkeit kein Zufall, dass sich Holzinger nur wenige Tage später erstmals für eine Fortsetzung des Abwanderungsschutzes aussprach (O. A.: „Protokoll der Sitzung des Sonderausschusses Eigentumskontrolle", 20./21.01.1947, überliefert in: BayHStA München, MJ 1101a, H. 2, zit. n. Constantin Goschler: *Wiedergutmachung. Westdeutschland und die Verfolgten des Nationalsozialismus 1945–1954* (Quellen und Darstellungen zur Zeitgeschichte, Bd. 34), München 1992, S. 112).

bestand.[83] Man hoffte, dass den zuvor zur Flucht gezwungenen Erben infolge der Ausfuhrsperre nichts anderes übrig bleiben würde, als die gelisteten Werke den Museen zu einem möglichst günstigen Preis zu überlassen. Mit einem vergleichbaren Vorgehen hatte Ernst Holzinger zusammen mit dem Direktor der Städtischen Galerie Frankfurt, Alfred Wolters, schon vor 1945 die Notlage jüdischer Emigrantinnen und Emigranten ausgenutzt, um die Sammlungen der von ihnen geleiteten Häuser um wertvolle Kunstwerke zu bereichern.[84]

In Bayern allerdings regte sich bald Widerstand gegen dieses Vorgehen. Zwar hatte sich der neue Direktor des Bayerischen Nationalmuseums, Theodor Müller, auf Anfrage Holzingers zunächst ebenfalls für die Eintragung einzelner Werke der Sammlung Goldschmidt-Rothschild ausgesprochen und ein Erwerbsinteresse bekundet.[85] Nur wenige Monate später allerdings lehnte er diesen Einsatz der Liste als Druckmittel gegenüber Geflüchteten ab.[86] Er folgte dabei einer Empfehlung des bayerischen Justizministeriums, das sich dagegen ausgesprochen hatte, dass die Ausfuhrsperre „auch gegenüber der Rückerstattung des Kunstgutes jüdischer Eigentümer durchgreife", wenn diesen dadurch die „unmittelbare Inbesitznahme und der Genuß" der betroffenen Kulturgüter verwehrt bliebe.[87]

---

83 Kulturamt Frankfurt a. M.: Schreiben an den Hessischen Minister für Kultus und Unterricht, 18.01.1949, überliefert in: HHStA Wiesbaden, Best. 504 Nr. 146, Bl. 147; Rechtsanwalt der Erben: Schreiben an Hessisches Ministerium für Kultus und Unterricht, 22.02.1949, überliefert in: HHStA Wiesbaden, Best. 504 Nr. 146, Bl. 137; Hessisches Ministerium für Kultus und Unterricht: Schreiben an Bayerisches Nationalmuseum München, 10.02.1949, überliefert in: HHStA Wiesbaden, Best. 504 Nr. 146, Bl. 136; Hessisches Ministerium für Kultus und Unterricht: Schreiben an Bayerisches Nationalmuseum München, 28.02.1949, überliefert in: HHStA Wiesbaden, Best. 504 Nr. 146, Bl. 134.

84 Siehe dazu Obenaus 2016, S. 286–287; sowie Eva Mongi-Vollmer: „Alltägliches Recht, alltägliches Unrecht. Die Gemäldeerwerbungen des Städel 1933–1945", in: Uwe Fleckner/Max Hollein (Hg.): *Museum im Widerspruch. Das Städel und der Nationalsozialismus* (Schriftenreihe der Forschungsstelle „Entartete Kunst", Bd. 6), Berlin 2010, S. 147–200, hier S. 173.

85 Bayerisches Nationalmuseum München: Schreiben an Städelsches Kunstinstitut Frankfurt a. M., 18.02.1949, überliefert in: HHStA Wiesbaden, Best. 504 Nr. 146, Bl. 135.

86 Bayerisches Nationalmuseum München: Schreiben an Städelsches Kunstinstitut Frankfurt a. M., 14.06.1949, überliefert in: HHStA Wiesbaden, Best. 504 Nr. 146, Bl. 104.

87 Bayerisches Staatsministerium der Justiz: Schreiben an Bayerisches Staatsministerium für Unterricht und Kultus, 31.01.1949, überliefert in: BayHStA München, MK 51497.

Doch nicht nur in dieser Sache waren Vertreter beider Länder anderer Meinung. Ein deutliches Bild ihrer Differenzen zeichnen die Protokolle der Kunstreferentenkommission, die im Auftrag des Länderrates der US-amerikanischen Besatzungszone ab Oktober 1947 über die Zukunft des deutschen Abwanderungsschutzes beriet. Nachdem auf Anraten Holzingers zunächst beabsichtigt worden war, den Verzeichnisentwurf von 1938, der auch Werke französischer Impressionisten aus ehemaligem jüdischen Privatbesitz enthielt,[88] schnellstmöglich um „Gegenstände gleicher Art" zu ergänzen, versammelte Georg Lill, der Direktor des Bayerischen Landesamtes für Denkmalpflege, zahlreiche Kritiker hinter sich.[89] Sie vertraten die Auffassung, dass der „Erfolg der früheren Gesetzgebung [...] kleiner gewesen [ist] als die Summe der aus ihr erwachsenen Nachteile" und die Liste, „wie sie zuletzt (1938) bestand, [...] in der dilettantischen und unkritischen Weise ihrer Zusammenstellung nicht scharf genug abzulehnen" sei. Eine Ausfuhrsperre lasse sich nur dann weiter rechtfertigen, wenn sie sich in Zukunft ausschließlich auf „Spitzenleistungen oder Unica deutscher Kunst" erstrecke. „Ausländische Kunstwerke" sollten hingegen nur noch dann einbezogen werden, „wenn sie durch alte Beheimatung in Deutschland im Rahmen der deutschen Geschichte dokumentarische Bedeutung haben".[90] Nach Meinung Müllers sollte sich der Schutz sogar gänzlich auf ein „ganz bestimmtes Minimum an Kunstschätzen" beschränken, die als „Wesensausdruck deutscher Kultur" anzusehen sind: „Die neu aufzustellende Liste [...] müsse sich daher von der Liste von 1938 sehr weitgehend unterscheiden."[91]

Während die Forderung nach einer Neuaufstellung und Begrenzung der Liste unter den Vertretern der anderen Länder schnell zum Konsens wurde, waren bezüglich der Beschränkung auf „Unica deutscher Kunst" und Werke mit langer Belegenheit auf deutschem Gebiet Zweifel geäußert worden. Kritisiert wurde diese Engführung erwartungsgemäß vor allem in Hessen,

88 Siehe dazu „‚National wertvoll' und ‚entartet' zugleich: Unterschutzstellung französischer Impressionisten", in: Obenaus 2016, S. 298–313.

89 Länderrat der US-amerikanischen Besatzungszone: Protokoll der Sitzung der Arbeitsgemeinschaft der Kunstreferenten am 21.10.1947, 29.10.1947, überliefert in: HStA Stuttgart, EA 1/014 Bü. 636.

90 Bayerisches Landesamt für Denkmalpflege: Schreiben an Städelsches Kunstinstitut Frankfurt a. M, 30.12.1947, überliefert in: HHStA Wiesbaden, Best. 504 Nr. 2531: Schutz deutschen Kulturguts gegen Abwanderung aus dem Gebiet der Bundesrepublik Deutschland, Bd. 1, 1947–1950.

91 Länderrat der US-amerikanischen Besatzungszone: Protokoll der Sitzung der Kommission der Kunstreferenten am 26.02.1948, 06.03.1948, überliefert in: HStA Stuttgart, EA 1/014 Bü. 636.

wo Alfred Wolters die Ansicht vertrat, dass es für die Unterschutzstellung auch in Zukunft keine Rolle spielen dürfe, ob Kunstwerke eine „alte Beheimatung in Deutschland" aufwiesen. Ein Ausfuhrverbot könne nur mit der „Bedeutung des Kunstbesitzes für die ‚Nation' (national wertvoll) und mit Hinweis auf die fürchterliche Verarmung auf diesem Gebiet" begründet werden, denn: „Der Mensch lebt nicht vom Brot allein."[92] Entgegen der Auffassung Lills beruhte der nationale Wert von Kunstwerken Wolters zufolge jedoch nicht auf ihrer Verbundenheit mit der deutschen Kultur und ihrem Wert als historisches Zeugnis, sondern auf ihrer universalen Bedeutung, die sich vorrangig am „internationalen Rang" von Künstler/-in und Werk messen lasse.

Nach Ende des Zweiten Weltkrieges standen sich also zwei Positionen gegenüber: auf der einen Seite die Frankfurter Museumsdirektoren, denen es vor allem um den Schutz und die Erweiterung der eigenen Sammlungen ging; und auf der anderen Seite die Vertreter der süddeutschen Denkmalpflege, die die Beschränkung des Schutzes auf jene Kulturgüter forderten, die eine besondere historisch gewachsene Verbindung zur deutschen Kultur aufweisen. Wie Theodor Schöllgen zeigen kann, hatte auch das im deutschen Abwanderungsschutz Tradition und war der eigentliche Grund dafür, dass die gesetzlichen Eintragungskriterien schon 1919 entsprechend vage gehalten worden waren. Der unbestimmte Rechtsbegriff des „wesentlichen Verlustes für den deutschen Kunstbesitz" ließ sich auf vielfältige Weise begründen, sodass die Anwendung des Gesetzes die Durchsetzung verschiedener Partikularinteressen erlaubte.[93]

Angesichts der gegensätzlichen Positionen von Museen und Denkmalpflege verwundert es nicht, dass sich der Text des 1955 erlassenen bundesdeutschen Gesetzes dann nur unwesentlich von der Vorgängernorm unterschied. Die verfassungsrechtliche Grundlage dafür schuf im September 1948 der Parlamentarische Rat. Entsprechend der bisherigen Rechtslage sollte der „Schutz deutschen Kulturgutes gegen Abwanderung" auch weiterhin nicht durch die Länder, sondern durch den Bund geregelt werden. Die einzige Änderung gegenüber Artikel 150 der Weimarer Reichsverfassung, die durch den Ausschuss für Zuständigkeitsfragen beschlossen wurde, war die Erweiterung des Begriffes „Kunstwerk", neben dem nun auch „anderes Kulturgut – einschließlich Bibliotheksgut" genannt wurde, damit, so die

92 Städtische Galerie Frankfurt a. M.: Schreiben an Städelsches Kunstinstitut Frankfurt a. M, 17.03.1948, überliefert in: HHStA Wiesbaden, Best. 504 Nr. 2531.

93 Siehe dazu den Beitrag von Theodor Schöllgen in diesem Band, S. 70–71, 80–81.

Begründung, künftig auch Inkunabeln und kunstgewerbliche Gegenstände vor der Ausfuhr ins Ausland geschützt werden könnten – was ohnehin dem bisher üblichen Vorgehen entsprach.[94] Der Zweck einer listenbasierten Ausfuhrsperre wurde nicht hinterfragt, lediglich deren dringende Notwendigkeit bejaht. Voraussetzung für eine Unterschutzstellung blieb die nicht weiter ausdifferenzierte Wesentlichkeit des Verlustes für den deutschen Kulturbesitz.

Wie die Archivrecherchen gezeigt haben, war das im Rahmen des Gesetzgebungsverfahrens weder durch die beteiligten Bundesausschüsse noch durch die Kultusministerkonferenz beanstandet worden. Bund und Länder hatten sich vielmehr schon 1952 darauf geeinigt, dass „eine Abgleichung der Massstäbe" auch in Zukunft von den Landesbehörden herbeizuführen und explizit „nicht im Gesetz zum Ausdruck zu bringen" sei.[95] So konnten weiterhin die Länder über die Auslegung der vagen Eintragungskriterien entscheiden und die Durchsetzung unterschiedlicher Interessen ermöglichen. Dabei war von Beginn an vorgesehen, dass die Verwaltungsbehörden eng mit den ansässigen „Konservatoren und Museumsfachleuten" zusammenarbeiteten.[96] In der Praxis waren es dann, so sollte deutlich geworden sein, vor allem Letztere, die die Anwendung des *Gesetzes zum Schutz deutschen Kulturgutes gegen Abwanderung* maßgeblich beeinflussten.

---

94 Siehe dazu das Protokoll der vierten Sitzung des Ausschusses für Zuständigkeitsabgrenzungen des Parlamentarischen Rates am 24.09.1948, abgedruckt in: Deutscher Bundestag/Bundesarchiv (Hg.): *Der Parlamentarische Rat 1948–1949. Akten und Protokolle*, Bd. 3: *Ausschuss für Zuständigkeitsabgrenzungen*, bearb. v. Wolfram Werner, München 1989, S. 130–172, hier S. 153. Wie den umfassenden Protokollen zu entnehmen ist, wurde in keiner der anderen insgesamt 20 Sitzungen des Ausschusses über den Schutz deutschen Kulturgutes gegen Abwanderung ins Ausland beraten.

95 Bundesministerium des Innern: Protokoll einer Sitzung mit den Vertretern der Kultusministerien der Länder und den Bundesressorts am 19.06.1952, o. D., überliefert in: BArch, B 106/142: Gesetz zum Schutz deutschen Kulturgutes gegen Abwanderung vom 6. Aug. 1955, Entwürfe, Bd. 1, 1950–1952, Bl. 366.

96 Niedersächsisches Kultusministerium: Protokoll der Sitzung der Kommission der Kunstreferenten des Länderrates der US-amerikanischen Besatzungszone am 06.04.1948, o. D., überliefert in: NLA Hannover, Nds. 401 Acc. 2000/155 Nr. 150: Schutz deutschen Kunstbesitzes, Verschiedenes, 1948–1972.

Das Verzeichnis zwischen Systematik und Kontingenz

Systematischere Eintragungsbemühungen vonseiten der Landesbehörden waren hingegen äußerst selten und bezogen sich meist nicht auf privaten Kulturbesitz. Nachdem man bei der Erarbeitung des ersten Verzeichnisses von 1961 noch bemüht gewesen war, mithilfe einer gemeinsamen Sachverständigenkommission einheitliche Bewertungskriterien für „national wertvolles Kulturgut" zu formulieren, und viele Werke aufgrund ihrer unzureichenden künstlerischen Qualität gestrichen worden waren, erfolgten Eintragungen zunächst nur noch sehr vereinzelt und meist nur im Fall einer drohenden Ausfuhr.[97] Seit Anfang der 1970er Jahre strebte das Bundesministerium des Innern dann wiederholt die Erweiterung des Gesamtverzeichnisses an. Dies wurde von den Landesbehörden teils in enger Abstimmung mit den ansässigen Museen, aber nur selten konsequent umgesetzt. Auslöser war das *UNESCO-Übereinkommen über Maßnahmen zum Verbot und zur Verhütung der unzulässigen Einfuhr, Ausfuhr und Übereignung von Kulturgut* von 1970,[98] das einen Paradigmenwechsel im deutschen Abwanderungsschutz einleitete: Während das Verzeichnis nach 1945 zunächst auf einige wenige „Kunstwerke von überragender Bedeutung" beschränkt werden sollte, deren Verlust „eine wirklich wesentliche Lücke" für den deutschen Kunstbesitz darstellen würde, ging es nun darum, den Schutz planvoll auszuweiten.[99] Entsprechend der zweiten Empfehlung der

---

97 Der Senator für das Bildungswesen Bremen: Protokoll der Sachverständigenbesprechung über die Durchführungsbestimmungen des Gesetzes zum Schutz der Abwanderung von Kunstwerken am 11.06.1956, 12.06.1956, überliefert in: BArch, B 106/134: Gesetz zum Schutz deutschen Kulturgutes gegen Abwanderung vom 6. Aug. 1955, Entwürfe, Bd. 3, 1953–1960, Bl. 13; Der Senator für das Bildungswesen Bremen: Protokoll der Sachverständigenbesprechung über die Landeslisten des Gesetzes zum Schutz der Abwanderung von Kunstwerken am 27.11.1956, 01.12.1956, überliefert in: StA Hamburg, 363-6_1047.

98 *UNESCO-Übereinkommen über Maßnahmen zum Verbot und zur Verhütung der unzulässigen Einfuhr, Ausfuhr und Übereignung von Kulturgut*, 14.11.1970, online abrufbar unter: https://www.unesco.de/sites/default/files/2018-03/1970_Maßnahmen_zum_Verbot_und_zur_Verhütung_der_unzulässigen_Einfuhr_Ausfuhr_Übereignung_von_Kulturgut_0.pdf, letzter Zugriff am 27.05.2024.

99 Niedersächsisches Kultusministerium: Protokoll der Sitzung der Kommission der Kunstreferenten des Länderrates der US-amerikanischen Besatzungszone am 06.04.1948, o. D., überliefert in: NLA Hannover, Nds. 401 Acc. 2000/155 Nr. 150; Bundesministerium des Innern: Schreiben an den Ausschuss für Kultur und Erwachsenenbildung der Kultusministerkonferenz, 19.11.1971, überliefert in: NLA Hannover, Nds. 401 Acc. 112/83 Nr. 322.

Kultusministerkonferenz sollten ab Anfang der 1980er Jahre neben Werken von Künstlern und Künstlerinnen, die für die deutsche Kunst- und Kulturgeschichte beziehungsweise die regionale oder lokale Geschichte von besonderer Bedeutung sind, dann explizit auch „wichtige Objekte von Künstlern, die internationalen Rang haben", aufgenommen werden, wobei auch „Kunstwerke, die erst kürzlich aus dem Ausland eingeführt wurden" nicht anders beurteilt werden sollten als solche, „die sich schon längere Zeit im Geltungsbereich des Gesetzes" befanden.[100]

Auch wenn unter anderem Berlin in der Folge eine Reihe bedeutender Werke italienischer, französischer und niederländischer Künstler aus dem Eigentum des Kaiser Friedrich Museumsvereins in die Liste aufnahm,[101] umfassten die erst ab Mitte der 1990er Jahre einsetzenden umfassenderen Ergänzungen dann fast ausschließlich Kulturgüter aus kommunalem und staatlichem Eigentum. Dies beschränkte sich aufgrund einer Änderung der Gemeindeordnung zunächst auf Bayern und wurde nach Verabschiedung des *Ausführungsgesetzes zum Kulturgüterübereinkommen nach der Haager Konvention* vom 18. Mai 2007 vereinzelt auch in anderen Ländern, allen voran in Hessen, umgesetzt.[102] Dabei ging es im Wesentlichen darum, dass diese Werke im Falle einer illegalen Ausfuhr, also beispielsweise als Folge eines Diebstahls, endlich auch von der Rückgaberegelung der EU profitieren sollten, die die Mitgliedstaaten schon seit 1993 dazu verpflichtete, jene Kulturgüter an den jeweiligen Herkunftsstaat zurückzugeben, die dort „vor oder nach der unrechtmäßigen Verbringung aus dem Hoheitsgebiet [...] als ‚nationales Kulturgut von künstlerischem, geschichtlichem oder archäologischem Wert' eingestuft" worden waren.[103]

Vor diesem Hintergrund erscheint die aufgezeigte Heterogenität der Landesverzeichnisse weder überraschend noch problematisch. Denn wenn das Verzeichnis national wertvollen Kulturgutes vorrangig dazu diente, einzelne Kulturgüter aus Privateigentum vor einer drohenden Abwanderung zu be-

100 Kultusministerkonferenz: „Kriterienkatalog zum Vollzug des Gesetzes gegen Abwanderung vom 6.8.1955", 20.05.1983.

101 Berlin, Nr. 03101–03120.

102 Allein in Bayern wurden zwischen 1995 und 1998 insgesamt 188 Einzelwerke und vier Sammlungen aus kommunalem Eigentum verzeichnet (Nr. 02438–02441, 02636–02648, 02701, 02805, 02907–02920), siehe dazu Bayerisches Staatsministerium für Unterricht und Kultus: Schreiben an Landesstelle für nichtstaatliche Museen, 11.02.1992, überliefert in: Bayerisches Staatsministerium für Unterricht und Kultus, K 1008/3/2.

103 Art. 1 *Richtlinie 93/7/EWG*, 15.03.1993, ABl. L 74 v. 27.03.1993, S. 74.

wahren und dadurch den Erwerb für eine öffentliche Sammlung wieder in den Bereich des Möglichen zu rücken, waren Eintragungen immer die Folge mehr oder weniger unvorhersehbarer Ausfuhrinteressen. Und es scheint nur folgerichtig, dass die Länder, die über besonders große und bedeutende Kunstmuseen verfügen und zugleich auch einen Großteil des ererbten adeligen Kunstbesitzes beherbergen wie Bayern, Baden-Württemberg und Hessen, im Laufe der letzten rund 70 Jahre tendenziell mehr Kulturgüter unter Schutz gestellt haben, um deren drohende Abwanderung zu verhindern. Die besondere Bedeutung für das „kulturelle Erbe Deutschlands" war dabei nicht immer das ausschlaggebende Argument – ganz zu schweigen von der Berücksichtigung einer „identitätsstiftenden" Funktion. Stattdessen ging es, ganz im Sinne des Gesetzesgebers, um den künstlerischen und/oder historischen Wert eines Objektes sowie die besondere Bedeutung für eine museale Sammlung. Dass man dabei auch weiterhin keine Rücksicht nahm auf die Situation der im Ausland lebenden Verfolgten des NS-Regimes oder deren Erbberechtigte, wie zuletzt der Fall der Musikbibliothek P. gezeigt hat,[104] wurde vom Gesetzgeber erst sehr spät als moralisches Problem erkannt. Erst mit der Novellierung von 2016 ist die Eintragung von Restitutionsgut untersagt.[105] Der Einschätzung aber, dass die Eintragungsvoraussetzungen eine „Festschreibung der im Laufe der Jahrzehnte ausgebildeten und [...] verstetigten Eintragungspraxis" seien, muss auf der Grundlage der Archivstudien entschieden widersprochen werden.

---

104 Als die Erben der enteigneten jüdischen Verleger die Leihgabe an die Stadtbibliothek Leipzig 2004 kündigten und die Sammlung zur Schätzung durch ein Auktionshaus nach Berlin überführten, leiteten Sachsen und Berlin deren Eintragung in die Wege – erwiesenermaßen um die kostbaren Autografe für die Stadt Leipzig zu sichern, siehe dazu Senatsverwaltung für Kultur und Europa Berlin: Eintragung in das Verzeichnis national wertvollen Kulturgutes, 2004–2005, Eintragung 1/2004. Das Verwaltungsgericht Dresden erklärte nach einer Klage der Erbengemeinschaft im Jahr 2008 die Eintragung restituierter Objekte, deren Abwanderung einen „wesentlichen Verlust für den deutschen Kulturbesitz" darstellt, für rechtmäßig, siehe dazu VG Dresden: Urteil v. 05.11.2008 – 5 K 1837/05, juris.

105 § 13 Abs. 2 KGSG. Siehe dazu auch die Einzelerläuterungen in Die Beauftragte der Bundesregierung für Kultur und Medien (Hg.): *Das neue Kulturgutschutzgesetz. Handreichung für die Praxis*, Frankfurt a. M. 2017, S. 149.

Wozu Abwanderungsschutz? Aufgaben und Zielkonflikte seit 1919

Theodor Schöllgen

Die Abwanderung von Kulturgütern aus Privateigentum ins Ausland wurde in Deutschland erstmals mit der *Verordnung über die Ausfuhr von Kunstwerken* vom 11. Dezember 1919 gesetzlich geregelt. Diese Verordnung hat wesentliche Elemente des heutigen gesetzlichen Abwanderungsschutzes vorweggenommen: das Listenprinzip, den Schutzzweck „Erhalt des deutschen Kunstbesitzes", die Eintragungsvoraussetzung des „wesentlichen Verlust[s] für den nationalen Kunstbesitz" sowie die Entscheidung für das Ausfuhrverbot als ausschlaggebende Maßnahme.[1] Was 1919 als provisorische Maßnahme angesichts ökonomischer Verwerfungen im Kunstmarkt infolge des Ersten Weltkrieges vorgesehen war, ist im Laufe der Zeit zu einem wichtigen Element des deutschen Kulturgutschutzes geworden. Der Blick zurück zu den Anfängen in der Weimarer Republik aber zeigt, dass auch der Konflikt um die Aufgaben und die Ziele des Abwanderungsschutzes so alt ist wie die Verordnung selbst.

Nach Ende des Ersten Weltkrieges wurden im Deutschen Reich einige Fragen besonders kontrovers diskutiert, die sich bis heute stellen: Ob und wenn ja, wie soll der Staat in den Kunstmarkt eingreifen? Wie weit sollen die Rechte privater Eigentümer an besonders wertvollen Kunstwerken und anderen Kulturgütern reichen? Hat die Gemeinschaft ein Recht an besonders bedeutsamen kulturellen Erzeugnissen, die im Eigentum einiger weniger Wohlhabender stehen? Welche Kulturerzeugnisse sind von besonderem öffentlichen Interesse und wie lässt sich ein solches begründen? Und ist das Ziel staatlicher Schutzmaßnahmen der Erhalt von kulturellen Kontexten oder der Erwerb kunst- und kulturhistorisch besonders bedeutsamer Einzelwerke für die öffentlichen Museen?

Es waren zwei Interessengruppen, die diese frühen Debatten zum Schutz des deutschen Kunstbesitzes und der Rolle des Staates im Kunstmarkt maßgeblich prägten: einerseits Vertreter der Denkmalschutzbewegung, die schon seit Ende des 19. Jahrhunderts für staatliche Eingriffsrechte an regio-

1 *Verordnung über die Ausfuhr von Kunstwerken* (AusfVO), 11.12.1919, RGBl. v. 11.12.1919, S. 1961–1962.

nal bedeutsamen Kulturgütern aus Privateigentum eintraten, andererseits Berliner Museumsbeamte, allen voran der Generaldirektor der Königlichen Museen zu Berlin Wilhelm von Bode, die den Erhalt einzelner besonders bedeutsamer Kunstwerke für die Berliner Sammlungen durch den Währungsverfall gefährdet sahen. Beide hatten einen nicht unwesentlichen Anteil an der Erarbeitung der *Verordnung über die Ausfuhr von Kunstwerken*, interpretierten ihre Aufgaben und Ziele aber völlig unterschiedlich. Einige der Differenzen und Widersprüche, die den deutschen Abwanderungsschutz bis heute prägen, können auf diesen grundsätzlichen Konflikt zurückgeführt werden. Die Genese der Verordnung, die bereits von Maria Obenaus rekonstruiert wurde,[2] soll in diesem Text im Hinblick auf die Anteile dieser beiden Interessengruppen beschrieben werden.

Zur Rolle des Staates im Kunstmarkt aus Sicht der Denkmalpflege und der Museen

Der Erlass der *Verordnung über die Ausfuhr von Kunstwerken* wird meist als spontane Maßnahme zur Bekämpfung der Abwanderung wichtiger Kunstwerke aus dem Deutschen Reich nach dem Ersten Weltkrieg gedeutet.[3] Obwohl der Ausverkauf sicherlich der entscheidende Anlass war, hat die Verordnung eine spezifische Vorgeschichte im Denkmalschutz. So finden sich bereits in den Debatten zum Denkmalschutz und in den Landesdenkmalschutzgesetzen vom Anfang des 20. Jahrhunderts Vorschläge und Beispiele für Maßnahmen, die die Abwanderung des regional bedeutsamen Kunstbesitzes verhindern sollten. Insofern war die Forderung des Schutzes beweglicher Kulturgüter im Vorfeld des Verordnungserlasses vonseiten der Denkmalschutzbewegung nicht nur eine Reaktion auf die akute Krisensituation nach Ende des Ersten Weltkrieges, sondern das Ergebnis ihres langen Kampfes.

Zwar kann man die Geschichte der Denkmalpflege bis in die Antike zurückverfolgen,[4] die moderne Denkmalschutzbewegung entstand aber

2 Maria Obenaus: *Für die Nation gesichert? Das „Verzeichnis der national wertvollen Kunstwerke“. Entstehung, Etablierung und Instrumentalisierung 1919–1945*, Berlin 2016, S. 22–70.

3 Zum Beispiel Lucas Elmenhorst: „Einführung“, in: ders./Volker Wiese (Hg.): *Kulturgutschutzgesetz. Kommentar*, München 2018, S. 1–16.

4 Felix Hammer: *Die geschichtliche Entwicklung des Denkmalrechts in Deutschland*, Tübingen 1995, S. 8.

erst im Laufe des 19. Jahrhunderts. In Deutschland wurde die Denkmalpflege zum Ende des 19. Jahrhunderts professionalisiert und durch die Heimatschutzbewegung popularisiert.[5] So wurde sie Teil einer breiteren gesellschaftlichen Modernitätskritik, die sich gegen Urbanisierung, Industrialisierung, Umweltzerstörung und Kommerzialisierung der Kultur wandte.[6] Diesen rapiden Veränderungen sollte die Pflege von Tradition und Kultur entgegengestellt werden, wobei Denkmälern die Funktion zugeschrieben wurde, die Vergangenheit lebendig und erlebbar zu halten und damit der als Bedrohung wahrgenommenen Moderne etwas entgegenzusetzen.[7] Der Staat sollte zum Schutz der bedeutenden Kulturdenkmäler neue Befugnisse bekommen.[8] Organisatorisch war die Denkmalschutzbewegung am Anfang des 20. Jahrhunderts eine feste Größe im Deutschen Reich. Ein besonders wichtiges Forum war dabei der *Tag für Denkmalpflege*, der ab 1900 jährlich zusammentrat und bei dem sowohl grundsätzliche Fragen als auch wichtige Einzelfälle debattiert wurden.[9]

In dieser Zeit entstanden in einigen deutschen Ländern auch die ersten Denkmalschutzgesetze, die wie in Hessen oder Oldenburg teils auch bewegliche Kulturdenkmäler einbezogen. Während in Artikel 3 des hessischen Denkmalschutzgesetzes von 1902 bewegliche Denkmäler nur dann Gegenstand von staatlichen Maßnahmen sein konnten, wenn sie sich „im Besitz von Gemeinden, Kirchen, Religionsgemeinschaften oder öffentlichen Stiftungen befinden",[10] ging das im Jahr 1911 in Oldenburg erlassene Gesetz weiter: Anwendung fand es nach § 1 Abs. 5 auch „auf bewegliche Gegenstände (auch Urkunden), deren Erhaltung wegen ihrer Bedeutung für die Geschichte insbesondere auch die Kunst-, Kultur-, und Naturgeschichte des Großherzogtums im öffentlichen Interesse liegt".[11] Geschützt wurden hier allerdings nur diejenigen Gegenstände, die Bedeutung für die Geschichte des Großherzogtums hatten. Besonders wertvolle oder künstlerisch bedeutsame Objekte ohne Bezug zur Heimatgeschichte fielen nicht unter das Gesetz. Bei Eintragung in die Denkmalliste (§ 1 Abs. 5 Unterabs. 2) standen

5 Rudy Koshar: *Germany's Transient Pasts. Preservation and National Memory in the Twentieth Century*, Chapel Hill 1998, S. 17–44.

6 Winfried Speitkamp: *Die Verwaltung der Geschichte. Denkmalpflege und Staat in Deutschland 1871–1933*, Göttingen 1996, S. 25–53.

7 Otto Sarrazin/Oskar Hofsfeld: „Zur Einführung", in: *Die Denkmalpflege*, 1(1899), S. 1.

8 Speitkamp 1996, S. 314–331.

9 Speitkamp 1996, S. 127–147; Hammer 1995, S. 138–140.

10 Abgedruckt in August Kneer: *Die Denkmalpflege in Deutschland, mit besonderer Berücksichtigung der Rechtsverhältnisse*, Mönchengladbach 1915, S. 205–216.

11 Abgedruckt in Kneer 1915, S. 232–238.

der Denkmalschutzbehörde weiter gehende Maßnahmen zur Verfügung: Die Denkmäler durften nicht verändert, veräußert oder aus dem Gebiet Oldenburgs ausgeführt werden.

Auch gab es bereits eine lange Tradition der kritischen Auseinandersetzung mit dem Privateigentum an beweglichen und unbeweglichen Denkmälern.[12] Die Denkmalschützer versuchten die privaten Eigentumsrechte an Denkmälern zu relativieren und so Eingriffsrechte für die staatlichen Behörden zu ermöglichen.[13] Eine wichtige Strategie war dabei, der nationalen Gemeinschaft ein Mitbesitzrecht an den herausragenden Zeugnissen ihrer Vorfahren zuzusprechen,[14] ohne Rücksicht auf die als zufällig wahrgenommenen Eigentumsverhältnisse.

Der wichtigste Vertreter der zweiten Gruppe, die die Genese der *Verordnung über die Ausfuhr von Kunstwerken* prägte, war ohne Zweifel Wilhelm von Bode. Nachdem er ab 1883 als Direktor der Berliner Skulpturensammlung und ab 1890 als Direktor der Berliner Gemäldegalerie fungiert hatte, wurde er 1905 zum Generaldirektor der Königlichen Museen zu Berlin ernannt. Sein Einfluss ging aber weit über die Berliner Museen hinaus. Mit der Reichseinigung von 1871 wurde Berlin von einer Residenzstadt zur Hauptstadt eines neuen Nationalstaats. Diese Veränderung betraf auch die Königlichen Museen, denen nun eine repräsentative Rolle für das Deutsche Reich zukam.[15] Dies konnte nur durch eine Erweiterung der Sammlungen plausibel inszeniert werden,[16] und die Königlichen Museen sollten mithilfe einer Ankaufskampagne eine Sammlung aufbauen, die mit den Beständen anderer Hauptstadtmuseen konkurrieren konnte. Bode selbst war wesentlich daran beteiligt, diese Ankäufe zu tätigen,[17] und trug so maßgeblich

12 Speitkamp 1996, S. 375–383.

13 Winfried Speitkamp: „Eigentum, Heimatschutz und Denkmalpflege in Deutschland seit dem ausgehenden 19. Jahrhundert", in: Hannes Siegrist/David Sugarman (Hg.): *Eigentum im internationalen Vergleich. 18.–20. Jahrhundert* (Kritische Studien zu Geschichtswissenschaft, Bd. 130), Göttingen 1999, S. 209–224; Speitkamp 1996, S. 375–383.

14 Speitkamp 1996, S. 380.

15 Alexis Joachimides: *Die Museumsreformbewegung in Deutschland und die Entstehung des modernen Museums 1880–1940*, Dresden 2001, S. 53, nachfolgend: Joachimides 2001a.

16 Tillmann von Stockhausen: *Gemäldegalerie Berlin. Die Geschichte ihrer Erwerbungspolitik 1830–1904*, Berlin 2000, S. 173.

17 Joachimides 2001a, S. 54.

dazu bei, das nationale Prestige der Berliner Museen zu steigern.[18] Die Kunstwerke, um deren Erwerb man konkurrierte, wurden als „Trophäen“ im Wettkampf der modernen Staaten gesehen.[19]

Ein wesentliches Element von Bodes Erfolg beim Ankauf von Kunstwerken war die Einbindung privater Sammler. Durch den Wirtschaftsboom der Gründerzeit hatten Industrielle im Deutschen Reich enorme Vermögen angehäuft und stellten eine neue Machtelite dar. Während einige von ihnen in dieser Zeit begannen, Kunst zu sammeln, mussten Teile der Aristokratie in Großbritannien und Frankreich wegen des Wertverlusts landwirtschaftlicher Erzeugnisse ihre Kunstsammlungen verkaufen.[20] Bode erkannte schon früh die Möglichkeit, die Vermögen dieser kunstinteressierten deutschen Unternehmer für die Königlichen Museen zu nutzen, und kultivierte zu vielen von ihnen persönliche Beziehungen.[21] Unter viel Aufwand beriet er sie bei Ankäufen und ließ kostspielige Kataloge produzieren.[22] Er tat dies ganz offen in der Erwartung, die betreffenden Werke später einmal in die Sammlungen der Berliner Museen integrieren zu können. So schrieb er schon 1889, dass sich die Sammlungsdirektoren gut um die Privatsammler kümmern müssten, denn

> nur dadurch wird ein anderes Ziel erreicht werden: das Festhalten und das allmälige Aufgehen der werthvolleren Privatsammlungen in die Museen desselben Orts, sei es durch Schenkung, Nachlaß oder Ankauf derselben. Daß die Sammlungsvorstände darauf ihr ganz besonderes Augenmerk richten, ist um so nothwendiger, da das Aufgehen der Privatsammlungen in öffentliche Sammlungen sich seit etwa zwei Jahrzehnten im Ausland vor unseren Augen in ganz außerordentlicher Geschwindigkeit

---

18 Joanna Smalcerz: *Smuggling the Renaissance. The Illicit Export of Artworks Out of Italy, 1861–1909* (Studies in the History of Collecting & Art Markets, Bd. 8), Leiden 2019, S. 91.

19 Von Stockhausen 2000, S. 175.

20 Thomas W. Gaethgens: *Die Museumsinsel im Deutschen Kaiserreich. Zur Kulturpolitik der Museen in der wilhelminischen Epoche*, München 1992, S 13.

21 Zum Vorbild Großbritannien siehe Jeremy Warren: „Bode and the British“, in: Staatliche Museen zu Berlin (Hg): *Jahrbuch der Berliner Museen*, 38(1996), Beiheft „Kennerschaft“, Kolloquium zum 150sten Geburtstag von Wilhelm von Bode, S. 121–142.

22 Esmée Quodbach: „Wilhelm Bode and Johannes Vermeer: Creating a Taste and a Market“, in: Joanna Smalcerz (Hg): *Wilhelm Bode and the Art Market. Connoisseurship, Networking and Control of the Marketplace*, Leiden 2022, S. 67–96, hier S. 76.

> vollzieht, wodurch die käufliche Erwerbung guter Kunstwerke täglich schwieriger und kostspieliger wird.[23]

Über bereits erfolgte Schenkungen durch Privatpersonen an die Königlichen Museen schrieb er zwei Jahre später selbstbewusst: „They are strictly earned, since they are given in return for advantages I have granted to the givers."[24]

Bei seinen Ankaufsreisen in ganz Europa erwarb Bode auch zahlreiche Werke, für die erst nach seiner Rückkehr geklärt wurde, welcher Sammler letztlich welches Stück finanzieren würde. So konnte er flexibel agieren und spontan beachtliche Summen aufbringen.[25] Nach und nach baute er so ein Netzwerk aus bekannten Händlern und Sammlern auf und verband seine eigene Kennerschaft mit der Kaufkraft der Sammler. Dabei wuchs sein Einfluss derart, dass er auf dem internationalen Kunstmarkt bald als die personifizierte deutsche Kaufkraft wahrgenommen wurde[26] und es zu entscheidenden Verschiebungen innerhalb des europäischen Kunstmarktes kam.[27] Besonders in Italien gelang es ihm, wertvolle Kunstwerke anzukaufen, die bis heute wichtige Teile der Sammlung der Staatlichen Museen zu Berlin sind.[28] Dabei lag ein beachtlicher Teil des neuen Kunstbesitzes, den Bode für das Deutsche Reich erwarb, zunächst eigentumsrechtlich in der Hand Privater.

---

23 Wilhelm von Bode: „Die Entwicklung der öffentlichen Sammlungen der Kunst des Mittelalters und der Renaissance in Deutschland seit dem Kriege 1870–71", in: *Deutsche Rundschau,* 60(1889), S. 129–138, hier S. 136–137.

24 Wilhelm von Bode: „The Berlin Renaissance Museum", in: *The Fortnightly Review,* 50(1891), S. 506–515, hier S. 508.

25 Olaf Matthes: „James Simon und Wilhelm Bode. Eine fruchtbar-ambivalente Beziehung", in: James Simon: *Briefe an Wilhelm von Bode 1885–1927,* hrsg. u. komment. v. Olaf Matthes (Schriften zur Geschichte der Berliner Museen, Bd. 6), Wien 2020, S. 9–29, hier S. 16.

26 Smalcerz 2019, S. 20; Warren 1996, S. 123.

27 Joanna Smalcerz: „Introduction: The Entanglement of Art Historical Scholarship, Connoisseurship and the Art Trade in the Late Nineteenth Century", in: dies. (Hg.): *Wilhelm Bode and the Art Market. Connoisseurship, Networking and Control of the Marketplace,* Leiden 2022, S. 1–15, hier S. 9.

28 Barbara Paul: „‚Das Kollektionieren ist die edelste aller Leidenschaften!' Wilhelm von Bode und das Verhältnis zwischen Museum, Kunsthandel und Privatsammlertum", in: *kritische berichte. Zeitschrift für Kunst- und Kulturwissenschaften,* 3(1993), S. 41–64.

Bildnis einer jungen Dame „Prinzessin von Urbino“, 1. Hälfte 15. Jahrhundert, Urbinatischer Kalkstein, 47 x 43 x 23 cm, Staatliche Museen zu Berlin, Skulpturensammlung

Um seine Ziele zu erreichen, war der spätere Unterstützer der *Verordnung über die Ausfuhr von Kunstwerken* daran beteiligt, das italienische Kulturgutschutzrecht zu umgehen. Nachgewiesen ist das für die *Büste der Prinzessin von Urbino* aus dem 15. Jahrhundert.[29] In Italien galt zu dieser Zeit noch immer das sogenannte *Edikt Pacca* aus dem Jahre 1820, das die Ausfuhr von Kunstwerken generell unter einen Genehmigungsvorbehalt stellte.[30] Nachdem sich der Berliner Generaldirektor mit dem italienischen Kunsthändler Stefano Bardini im Jahre 1887 über den Kauf geeinigt hatte, organisierte er

29 Smalcerz 2019, S. 27–75.

30 Siehe dazu Amalie Weidner: *Kulturgüter als res extra commercium im internationalen Sachenrecht* (Schriften zum Kulturgüterschutz), Berlin 2001, S. 25–26.

einen Mittelsmann, der seine Rolle im Erwerb verschleiern und die illegale Ausfuhr durchführen sollte.[31] Obwohl Bode versuchte, die späteren Ermittlungen der italienischen Behörden in dieser Sache zu verhindern, wurde sein Geschäftspartner vom italienischen Staat angeklagt. Die strafrechtliche Verfolgung der Beteiligten scheiterte letztlich aber an der Verjährung.[32] Auch wenn zu vermuten ist, dass Bode nicht der Einzige war, der in dieser Sache gegen italienisches Recht verstieß, zeigt der Fall doch, wie weit er zur Durchsetzung seiner Interessen gewillt war zu gehen.

Zu Beginn des 20. Jahrhunderts kam es zwischen Wilhelm von Bode und verschiedenen Denkmalpflegern dann zu einem grundsätzlichen Konflikt, der Aufschluss gibt über die jeweilige Haltung zur Rolle des Staates im Kunstmarkt. Im Zentrum stand dabei die Sammlungspolitik der Berliner Museen.[33] Gut dokumentiert ist Bodes Scheitern beim Versuch, Teile einer Krypta und eines Kreuzganges aus Würzburg zu kaufen.[34] Der Vorgang führte dazu, dass Vertreter der Denkmalpflege gegen Ankäufe von Bode im Inland opponierten und der Erwerb aus Beständen der Kirchen für Bode kaum mehr möglich war.[35] In Bayern wurden Stimmen laut, die ein Ausfuhrverbot für alle bedeutsamen Werke im Land forderten, wobei zum Ausland wohlgemerkt auch Preußen gezählt wurde.[36] Im Zuge dessen geriet Bodes Ankaufspolitik auch in anderen europäischen Staaten in die Kritik. Sowohl 1911 als auch 1913 beschäftigte sich dann die Gemeinsame Tagung für Denkmalpflege und Heimatschutz mit der Rolle von Kunsthandel und Museen. Im Hinblick auf Bodes Sammelpraxis besonders bemerkenswert

---

31 Smalcerz 2019, S. 47–48.

32 Smalcerz 2019, S. 72.

33 Siehe dazu Alexis Joachimides: „Die Ambivalenz des Museums. Kulturpessimisten, Denkmalpfleger, Heimatschützer und die Reform der musealen Praxis um 1900", in: ders./Sven Kuhrau (Hg.): *Renaissance der Kulturgeschichte? Die Wiederentdeckung des Märkischen Museums in Berlin aus einer europäischen Perspektive*, Dresden 2001, S. 88–108, hier S. 92, nachfolgend: Joachimides 2001b.

34 Frank Matthias Kammel: „Kreuzgang, Krypta und Altäre. Wilhelm von Bodes Erwerbungen monumentaler Kunstwerke und seine Präsentationsvorstellungen für das Deutsche Museum", in: Staatliche Museen zu Berlin (Hg): *Jahrbuch der Berliner Museen*, 38(1996), Beiheft „Kennerschaft". Kolloquium zum 150sten Geburtstag von Wilhelm von Bode, S. 155–175.

35 Kammel 1996, S. 165, 172.

36 Kammel 1996, S. 160.

ist hier der folgende Beitrag von einem wichtigen Theoretiker der Denkmalpflege, Georg Dehio:[37]

> Die Denkmalpflege verteidigt, das Sammelwesen greift aus. Die Denkmalpflege sieht das einzelne Kunstwerk als untrennbaren Teil eines historisch gewordenen Kulturorganismus an und um dessen willen, nicht zuerst wegen eines erwarteten ästhetischen Gewinnes, schützt und pflegt sie es; das Sammelwesen hat es mit entwurzelten Gewächsen zu tun, mit Gliedern, die von ihren Körpern getrennt und nach Gutdünken in neue Verbindungen gebracht werden; es will gewinnen, besitzen und genießen; es macht das Kunstwerk zur Ware, zur Beute.[38]

Dehio scheute sich dann auch nicht, die vollen Implikationen seiner Ansichten zu benennen und jeder, der es wissen wollte, konnte den Bezug zu Wilhelm von Bodes aggressiver Ankaufspolitik herstellen:

> Was heißt denn das, wenn wir mit Pathos für unser Land Denkmal- und Heimatschutz proklamieren und im gleichen Atem unsere Sammler loben, die in den Besitzstand fremder Völker einbrechen und diesen antun, was wir für uns verwünschen? Inkonsequenz ist doch wohl nur ein schwacher Name dafür.[39]

Der Kunsthistoriker formulierte hier zwar besonders pointiert, wendete aber im Grunde nur die theoretischen Grundlagen der Denkmalpflege auf die Praxis an, deren grundsätzliches Ziel es war, authentische, kulturelle Kontexte für Kulturgüter zu erhalten.[40] Bei der zweiten gemeinsamen Tagung von 1913 argumentierte der Kunsthistoriker und Architekt Cornelius Gustav Gurlitt ähnlich. Er warnte davor, dass man sich der Doppelmoral schuldig mache, wenn man auf der einen Seite Ankäufe von Amerikanern im Deutschen Reich kritisiere, auf der anderen Seite aber selbst internationale Sammlungen mit Werken aus dem Ausland aufbauen wolle und Ausfuhrverboten ablehnend gegenüberstand.[41]

---

37 Georg Dehio: „Denkmalpflege und Museen", in: Gemeinsame Tagung für Denkmalpflege und Heimatschutz (Hg.): *Gemeinsame Tagung für Denkmalpflege und Heimatschutz. Salzburg, 14. und 15. September 1911. Stenographischer Bericht*, Berlin 1911, S. 141–151; siehe dazu auch Joachimides 2001b, S. 92.

38 Dehio 1911, S. 141–142.

39 Dehio 1911, S. 141–142.

40 Joachimides 2001b, S. 92.

41 Cornelius Gurlitt: „Kunsthandel und Denkmalpflege", in: Gemeinsame Tagung für Denkmalpflege und Heimatschutz (Hg.): *Zweite Gemeinsame Tagung für Denkmal-*

In einer Reihe von Artikeln verteidigte sich Bode gegen diese Angriffe. Unter der titelgebenden Frage „Gehören Kunstwerke in die Museen?“ spielte er die Bedeutung des kulturellen Kontextes für Kunstwerke in der zweiten Ausgabe *Der Werkstatt der Kunst* von 1913 herunter und erklärte:

> Kunstwerke haben nach unserem modernen Empfinden noch einen anderen, viel wichtigeren Zweck als den der Dekoration oder Stimmungsmachung; sie wollen betrachtet und genossen werden. Der Kunstgenuß ist eine eigene Art der Andacht, und diese kann am besten in den Museen verrichtet werden [...].[42]

Die in erster Linie ästhetische Wertschätzung rechtfertigte für Bode die Entkontextualisierung der Werke und ihre museale Präsentation an entfernten Orten.[43] Dehios schon 1911 vorgetragene Sichtweise lief dem diametral entgegen:

> Ein Kunstwerk ist nur technisch eine in sich abgeschlossene Vollexistenz, geistig hängt es mit hundert Fäden mit der Umwelt, in der und für die es einst geschaffen war, zusammen; diese – kann man nicht mit verpflanzen. Wir sehen im Museum das Kunstwerk schärfer, deutlicher als an seinem ursprünglichen Ort, aber wir sehen es nicht richtiger.[44]

Bode wiederum verteidigte nicht nur die Sammlungspolitik der Berliner Museen, sondern auch den internationalen Kunsthandel und sah einen freien Handel mit Kunstwerken und Antiquitäten ohne Handelseinschränkungen als Ideal, zu dem man früher oder später zurückkehren solle.[45] Zur Rechtfertigung seiner Position waren klare Eigentumsverhältnisse entscheidend und so wehrte Bode sich gegen Dehios Behauptung, er wäre in den „Besitzstand fremder Völker eingebrochen“, mit dem Hinweis auf den rechtmäßigen Erwerb der Objekte im freien Kunsthandel.[46]

Während die Aufgabe des Staates im Kunstmarkt aus Sicht der Denkmalschutzbewegung also darin bestehen sollte, ältere Kunstwerke und andere

---

pflege und Heimatschutz. Dresden, 25. und 26. September 1913. Stenographischer Bericht, Berlin 1914, S. 80–94, hier S. 81.

42 Wilhelm von Bode: „Gehören Kunstwerke in die Museen?“, in: *Die Werkstatt der Kunst. Organ für die Interessen der bildenden Künstler*, 2(1913), S. 15–17, hier S. 17.

43 Joachimides, 2001a, S. 64.

44 Dehio 1911, S. 144.

45 Wilhelm von Bode: „Zur ‚Inventarisierung des Kunstbesitzes‘“, in: *Vossische Zeitung*, Morgenausgabe, 17.02.1918, S. 2–3, nachfolgend: Bode 1918a.

46 Wilhelm von Bode: „Denkmalpflege und Museen. Eine Erwiderung“, in: *Kunstchronik. Wochenschrift für Kunst und Kunstgewerbe*, 5(1913), S. 65–70, hier S. 67.

bewegliche Denkmäler in ihrem historischen Kontext zu erhalten, vertrat Bode die Auffassung, der Staat müsse die öffentlichen Sammlungen bei der Akquise bedeutender Kunstwerke unterstützten. Vor diesem Hintergrund scheint es erstaunlich, dass 1919 eine Verordnung zur Wahrung des nationalen Kunstbesitzes verabschiedet werden konnte, die sowohl von der Denkmalpflege als auch den Museen begrüßt wurde.

Der Weg zur ersten Verordnung über die Ausfuhr von Kunstwerken

Für den deutschen Kunstmarkt und seine wesentlichen Akteure stellte die Situation am Ende des Ersten Weltkrieges eine Zäsur dar. Die Inflation und die Wirtschaftskrise im Deutschen Reich hatten mehrere relevante Effekte. Einerseits stieg die Nachfrage nach wertbeständigen Gütern, mit denen man sich gegen die wachsende Inflation wappnen wollte. Dazu gehörten auch Kunstwerke aller Art.[47] Andererseits verlor das ganze Deutsche Reich enorm an Kaufkraft relativ zu anderen Staaten, insbesondere den USA, und wurde so in kurzer Zeit von einer Kunstimport- zu einer Kunstexportnation.[48]

Diese neue Lage regte eine breite Debatte darüber an, wie mit den aufgrund der ökonomischen Misere immer weiter steigenden Kunstpreisen und den daraus erwachsenden Folgen für den privaten Kunstbesitz umzugehen sei. Sowohl das Preußische Abgeordnetenhaus,[49] der Reichstag als auch die verfassungsgebende Nationalversammlung befassten sich mit diesem Problem.[50] Im Raum stand dabei zunächst ein Ausfuhrverbot für alle Kunstwerke aus dem Reich. Diese neue Situation setzte auch die Denkmalpflege und die Museen unter Handlungszwang.

47 Martin Geyer: *Verkehrte Welt. Revolution, Inflation und Moderne. München 1914–1924* (Kritische Studien zur Geschichtswissenschaft, Bd. 128), Göttingen 1998, S. 263–265.

48 Dazu Obenaus 2016, S. 32–44.

49 O. A.: Protokoll der 105. Sitzung des Preußischen Haus der Abgeordneten am 11.12.1917, abgedruckt in: *Stenographische Berichte über die Verhandlungen des Preußischen Hauses der Abgeordneten*, 22. Legislaturperiode, 3. Tagung, Bd. 6, 92–107. Sitzung, 16.10.–13.12.1917, ab Spalte 6900.

50 O. A.: Protokoll der 170. Sitzung des Reichstags am 08.06.1918, online abrufbar unter: http://www.reichstagsprotokolle.de/Blatt_k13_bsb00003408_00670.html, letzter Zugriff am 07.06.2024; o. A.: Protokoll der 83. Sitzung des Reichstags am 19.08.1919, S. 2590, online abrufbar unter: http://www.reichstagsprotokolle.de/Blatt2_wv_bsb00000013_00460.html, letzter Zugriff am 07.06.2024.

Die Denkmalpfleger sahen mit Sorge, dass aufgrund der höheren Preise immer mehr kulturelle Objekte zum Verkauf standen und so auch wichtige Zeugnisse der deutschen Kultur ins Ausland abzuwandern drohten. Von den geltenden Denkmalschutzgesetzen der Länder schützten nur wenige auch bewegliche Kulturdenkmäler. Aus diesem Grund erarbeiteten Vertreter der Denkmalpflege bald Vorschläge für staatliche Maßnahmen, um der neuen wirtschaftlichen Situation angemessen zu begegnen. Gut dokumentiert sind diesbezüglich die besonderen Anstrengungen des Geschäftsführenden Ausschusses des Tages für Denkmalpflege, der bei einer Tagung im Juli 1919 zu folgendem Ergebnis kam: „Mit großer Besorgnis sieht der Ausschuß des Tages für Denkmalpflege, daß nach wie vor keine rechtliche Handhabung besteht, die Abwanderung deutschen Kunstgutes in das Ausland zu verhindern." Die Reichsregierung wurde dazu aufgefordert, „nunmehr ungesäumt die erforderlichen Sicherungsmaßnahmen zu treffen".[51]

Ein erster Erfolg aus Sicht des Ausschusses war die Verabschiedung des Art. 150 Abs. 2 der Weimarer Reichsverfassung vom 14. August 1919, mit dem der verfassungsrechtliche Grundstein für die spätere gesetzliche Regelung des Abwanderungsschutzes gelegt worden war: „Es ist Sache des Reichs, die Abwanderung deutschen Kunstbesitzes in das Ausland zu verhüten." Zusammen mit dem Denkmalpfleger Maximilian von Biegeleben hatte der Tag der Denkmalpflege im Vorfeld auf den Abgeordneten Konrad Beyerle eingewirkt, der dem Ausschuss zur Vorbereitung des Entwurfs einer Verfassung für das Deutsche Reich angehörte und für die spätere Formulierung des Artikels verantwortlich war.[52]

In der Folge setzte sich der Ausschuss des Tages für Denkmalpflege für den Erlass konkreter Regelungen zum Schutz des deutschen Kunstbesitzes vor Abwanderung ins Ausland ein. In einer Erklärung vom 2. Oktober 1919 forderte er:

> Wir stehen zwar auf dem Standpunkt, daß es in erster Linie die Aufgabe einer solchen Verfügung ist, alle Kunstwerke dem Vaterland zu erhalten, die irgendwie für die Geschichte der deutschen Kunst und der nationalen Kultur von Bedeutung sind, daß daneben aber auch die Auswanderung der größeren Sammlungen, die bislang öffentlich zugänglich waren und als Gemeinbesitz des deutschen Volkes angesehen werden

51 O. A.: „Tagung für Denkmalpflege", in: *Die Denkmalpflege*, 21(1919), S. 70.

52 Karl Asal: *Die neuen reichsrechtlichen Denkmalschutzbestimmungen*, Heidelberg 1923, S. 14; Joseph Krayer: *Denkmalschutz*, Würzburg 1930, S. 108.

> konnten, insbesondere auch der fürstlichen Kunstsammlungen, unter allen Umständen verhindert werden sollte.[53]

Die Währungsgewinne von ein paar Millionen Devisen stünden in keinem Verhältnis mit der „Verarmung Deutschlands an nationalem Kunstbesitz".[54]

Für Wilhelm von Bode hingegen waren die Preissteigerungen allein zunächst noch kein Grund zum Handeln. Auch nach Ende des Krieges verteidigte er die Sammler, mit denen er jahrelang zusammengearbeitet hatte.[55] Für ihn rechtfertigte die Abwanderung von Kunstsammlungen an sich noch kein staatliches Eingreifen und er setzte sich in einer Reihe von Veröffentlichungen für möglichst minimale Eingriffe in den internationalen Kunstmarkt ein. Das im Raum stehende allgemeine Ausfuhrverbot lehnte er ab.[56] „Eine solche Abwanderung ganz zu verhindern", schrieb er in der *Kunstchronik* vom 18. Januar 1918, „ist weder möglich noch notwendig; denn schließlich sollen doch nur die künstlerisch und historisch wirklich bedeutenden Werke für unsere öffentlichen Sammlungen gerettet werden."[57] Stattdessen schlug er vor, die geplante Maßnahme auf einzelne hervorragende Kunstwerke in Privatbesitz zu beschränken, für die dem Staat ein Vorkaufsrecht eingeräumt wird, wobei man sich bezüglich der Preisgestaltung am üblichen Marktpreis orientieren könnte.[58] Bode erklärte offen, dass es ihm dabei vorrangig um die musealen Sammelinteressen ging, für die die vorgesehene Regelung negative Auswirkungen haben könnte.[59] Denn auf das vorgesehene allgemeine Ausfuhrverbot, so befürchtete er, würden andere Länder ihrerseits mit Ausfuhrverboten reagieren. „Besonders der letztere Umstand läßt starken Zweifel zu", schrieb er 1918,

---

53 Paul Clemen: „Die Gefährdung des deutschen Kunstbesitzes", in: *Der Kunstwart und Kulturwart. Halbmonatsschau für Ausdruckskultur auf allen Lebensgebieten*, 8(1920), S. 60–64, hier S. 62.

54 Clemen 1920, S. 62.

55 Wilhelm von Bode: „Öffentlichkeit des Kunstsammelns", in: *Kunstchronik und Kunstmarkt. Wochenschrift für Kenner und Sammler*, 28(1919), S. 569–571.

56 Wilhelm von Bode: „Ist ein Kunstausfuhrverbot für Deutschland wünschenswert?", in: *Kunstchronik. Wochenschrift für Kunst und Kunstgewerbe*, 15(1918), S. 161–162, hier S. 162, nachfolgend: Bode 1918b.

57 Bode 1918b, S. 162.

58 Dazu führte Bode weiter aus: „Selbstverständlich müßte der Staat sich dann rasch entscheiden und unter gleichen Bedingungen in den Kauf eintreten.", Bode 1918b, S. 162.

59 Bode 1918b, S. 162.

> ob ein Ausfuhrverbot, dessen Durchführung in Deutschland zudem besonders schwierig sein würde, den deutschen Kunstbesitz nicht eher schädigen als ihm nützen würde; denn allein Frankreich und namentlich England haben gegenüber Deutschland sicherlich wohl das Zehnfache an wertvollem Privatbesitz von Kunstwerken.[60]

Unter dem viel zitierten Begriff des „deutschen Kunstbesitzes" verstand Bode folglich den Anteil an besonders wertvollen Kunstwerken, der sich im Besitz der deutschen Sammler und Museen befindet. Die Nationalität des Künstlers war dabei ohne Belang, wie der Hinweis auf den wertvollen Kunstbesitz der Engländer und Franzosen verdeutlicht. Dass Bode jede staatliche Maßnahme auch daraufhin prüfen wollte, ob sie Ankäufe im Ausland erschweren würde, macht außerdem klar, dass er den deutschen Kunstbesitz als eine dynamische Größe wahrnahm, bei dem der Verlust bestimmter Werke durch den Ankauf wichtigerer Werke aus dem Ausland ausgeglichen werden konnte. Nachdem Bode die preußische Landesregierung schließlich dazu gedrängt hatte, gesetzliche Maßnahmen gegen die Abwanderung von bedeutenden Kunstwerken in seinem Sinne zu erlassen,[61] legte diese Ende 1918 den Entwurf einer Verordnung vor, die ausgewählte künstlerische Gegenstände von hervorragendem Wert über ein Listenprinzip schützen sollte.[62] Dieser Entwurf allerdings scheiterte zunächst noch am Reichsbankpräsidenten, der nicht auf die Einnahmen der ausländischen Währung verzichten wollte.[63]

Die rund ein Jahr später verabschiedete *Verordnung über die Ausfuhr von Kunstwerken* unterschied sich von den Vorgängerentwürfen dann vor allem durch die Formulierung in § 1 Abs. 1, dass jene Werke in ein „Verzeichnis der national wertvollen Kunstwerke" eingetragen werden sollen, „deren Verbringung in das Ausland einen wesentlichen Verlust für den nationalen Kunstbesitz" bedeuten würde. Was damit gemeint war, blieb allerdings offen, denn die Verordnung selbst enthielt keine Begriffsbestimmung. Auch die Begründung der Verordnung, die der Nationalversammlung vorgelegt worden war, wurde diesbezüglich nicht konkreter.[64] Sie beschrieb zunächst,

---

60 Bode 1918b, S. 162.

61 Kristina Kratz-Kessemeier: *Kunst für die Republik. Die Kunstpolitik des preußischen Kultusministeriums 1918 bis 1932*, Berlin 2007, S. 208–209.

62 Asal 1923, S. 37.

63 Asal 1923, S. 37.

64 O. A.: Bericht des Ausschusses für Volkswirtschaft über die Beratung des Entwurfs einer Verordnung über die Ausfuhr von Kunstwerken, Nr. 144 der Ausschuß-Druck-

was der Anlass für die Verordnung gewesen war, nämlich der nach dem Krieg erfolgte wirtschaftliche Zusammenbruch, der die Gefahr erhöht habe, dass „deutsche Kunstwerke aus Privatbesitz" ins Ausland gebracht würden.[65] Was aber waren „deutsche Kunstwerke"? Man konnte dabei begreiflicherweise sowohl an die Nationalität des Eigentümers als auch an die Nationalität des Künstlers oder den inhaltlichen Bezug zur Geschichte des deutschen Nationalstaates denken. Weiter heißt es in der Begründung zum Zweck der Norm, sie solle verhindern, „daß im Inland befindliche hervorragende Kunstwerke" unwiederbringlich ins Ausland verbracht würden. Dies müsse aus „nationalen sowie ethischen Gründen" verhindert werden.[66] Schließlich wird auf die genannte Bestimmung der Reichsverfassung verwiesen, die die Verhinderung der Abwanderung des deutschen Kunstbesitzes zur Aufgabe des Reiches mache. Dazu wären auch andere Instrumente infrage gekommen, wie das zunächst vorgesehene allgemeine Ausfuhrverbot oder Ausfuhrzölle, die jedoch den Aufbau eines aufwendigen Verwaltungsapparates erfordert hätten.[67]

Die Interpretation der Verordnung durch die Denkmalpflege und die Museen

Schon kurz nach dem Erlass der Verordnung zeigte sich, dass Denkmalpfleger und Museumsvertreter den ersten Paragrafen dann auch entsprechend ihrer jeweiligen kulturpolitischen Interessen interpretierten. Besonders deutlich wurde das bei einer Besprechung verschiedener Reichs- und Ländervertreter zur Anwendung der Verordnung am 5. Januar 1920. Zweck dieser Besprechung war es, festzusetzen, „nach welchen Gesichtspunkten das Verzeichnis der geschützten Kunstwerke aufgestellt werden sollte".[68] Für Preußen war unter anderem der Direktor der Staatlichen Museen zu Berlin Otto von Falke anwesend, der Bode im Amt nachgefolgt war. Für Bayern

sachen, 16.12.1919, abgedruckt in: *Verhandlungen der verfassungsgebenden Deutschen Nationalversammlung. Anlagen zu den Stenographischen Berichten*, Bd. 340, Nr. 1814, S. 1885–1886.

65 Ausschussbericht vom 16.12.1919, S. 1886.

66 Ausschussbericht vom 16.12.1919, S. 1886.

67 Ausschussbericht vom 16.12.1919, S. 1886.

68 O. A.: „Niederschrift über eine Besprechung der Verordnung vom 11. Dezember 1919 betr. die Ausfuhr von Kunstwerken und der Aufstellung eines Reichskunstwartes, abgehalten im Gebäude des Bayerischen Nationalmuseums in München am 05. Januar 1920", 05.01.1920, überliefert in: BArch R 43-I/818: Museen, Kunstsammlungen, Kunstwerke, Bd. 1, 1919–1925, Bl. 46.

nahm neben dem Direktor der Bayerischen Staatsgemäldesammlungen Friedrich Dörnhöffer unter anderen auch Georg Hager, der Vorstand des Landesamtes für Denkmalpflege, teil.

Man kann anhand dieser Besprechung sehr gut nachvollziehen, dass die im vorherigen Teil skizzierten Vorstellungen von den Aufgaben und Zielen des Abwanderungsschutzes hier wieder aufgegriffen wurden. Während die Vertreter Preußens entsprechend ihrer Profession weiter die Interessen der Museen stark machten, traten die Gesandten aus Bayern eher für die Belange der Denkmalpflege ein. So stellte Otto von Falke zunächst fest, dass nicht ganze Sammlungen geschützt werden sollten und dass auch angemessen auf die Belange der Kunsthändler eingegangen werden müsse.[69] Daraufhin ging der bayerische Ministerialrat Richard Hendschel zur Begriffskonkretisierung über. Es müsse klarer gemacht werden, was ein national wertvolles Kunstwerk sei.[70] Dabei sprach er sich dafür aus, nur Kunstwerke deutscher Herkunft zu schützen oder Werke, die mit der „deutschnationalen Kulturgeschichte“ in einem sehr engen Zusammenhang stünden.[71] Neu aus dem Ausland eingeführte Kunstwerke, „die mit der deutschen Geschichte noch nicht verwachsen sind“, gehörten nicht dazu.[72] Dem widersprach Unterstaatssekretär Theodor Lewald aus dem Reichsinnenministerium umgehend. Man solle sich in keiner Weise auf den Begriff „deutsche Herkunft“ beschränken.[73] Es komme allein auf den kunsthistorischen Wert eines Werkes an und ob mit einem Verkauf ins Ausland zu rechnen sei. So sei auch der hohe Anteil von Kunstwerken ausländischer Herkunft auf der preußischen Liste zu erklären, denn diese seien besonders von Ankaufsbemühungen ausländischer Sammler betroffen. Der damalige Direktor der Staatsgalerie Stuttgart und spätere „Reichskunstwart“ Edwin Redslob, der als Vertreter Württembergs sprach, ging im Rahmen dieser Besprechung konkret auf Wilhelm von Bode ein und gab zu Protokoll: „Was z. B. Bode hereingebracht hat, ist nationaler Kunstbesitz.“[74] Später nahm auch Lewald Bezug auf jene Kunstwerke, die private Sammler aufgrund von Bodes Anregung gekauft hätten. Auch diese Werke, die häufig erst kürzlich

69 Besprechung vom 05.01.1920, Bl. 46.
70 Besprechung vom 05.01.1920, Bl. 47–48.
71 Besprechung vom 05.01.1920, Bl. 47–48.
72 Besprechung vom 05.01.1920, Bl. 47–48.
73 Besprechung vom 05.01.1920, Bl. 47–48.
74 Besprechung vom 05.01.1920, Bl. 48.

ins Deutsche Reich eingeführt worden waren, seien schützenswert.[75] Der preußische Ministerialrat Friedrich Trendelenburg kam daraufhin auf sein Verständnis des Schutzgegenstandes zurück, den „Kunstbesitz der Nation". Dieser umfasse alle besonders wertvollen Werke unabhängig von ihrer Herkunft oder ihrer Bedeutung für die deutsche Öffentlichkeit.[76] Der Vertreter Badens, Ministerialrat Otto Bartning, regte am Ende der Besprechung noch an, dass man sich mit dem Ausschuss für Denkmalpflege[77] koordinieren könne, woraufhin von Falke entgegnete, dass dieser mit dem Kunstausfuhrverbot nichts zu tun hätte.[78]

Auch an anderer Stelle kann man feststellen, dass Denkmalpfleger die Verordnung gänzlich anders verstanden als Museumsvertreter. Der einflussreiche Denkmalpfleger Paul Clemen sprach auf der dritten Tagung für Denkmalpflege und Heimatschutz am 24. September 1920 über „Die Gefährdung des deutschen Kunstbesitzes und gesetzliche Maßnahmen dagegen".[79] Zentrale Frage seines Vortrags war, welche Kunstwerke von der Verordnung geschützt werden sollten. Clemen trat für die Konzentration des Schutzes auf deutsche Kunstwerke oder Kunstwerke aus dem Ausland ein, die schon seit Jahrhunderten in deutschen Sammlungen vertreten wa-

---

75 „Auch kann man die Privatsammlungen nicht ohne Weiteres anders behandeln wie die staatlichen. Denn auch sie sind von den Staaten gefördert worden vielfach in der begründeten Hoffnung, daß ein erheblicher Teil von ihnen dereinst durch Schenkung oder letztwillige Verfügung auf den Staat übergehen werde. So hat auch Bode die Privatsammlungen häufig auf Kaufmöglichkeiten aufmerksam gemacht, um den internationalen Kunstbesitz Deutschlands zu stärken. Deshalb können auch Kunstwerke, die erst kürzlich nach Deutschland eingeführt wurden, zum nationalen wertvollen Kunstbesitz zu zählen.", Besprechung vom 05.01.1920 Bl. 49.

76 „Übrigens sind die Privatsammlungen alle durch Ausstellung mehr oder weniger der Öffentlichkeit zugänglich gemacht worden. Daran knüpft die Verordnung auch gar nicht an, sondern daran, daß wir zur Zeit einen wertvollen Kunstbesitz haben, der uns entwunden zu werden droht und über die jetzige Ausfuhrgefahr hinaus festgehalten werden soll. Deshalb kann man nicht darauf abstellen, wieviele Jahre der Gegenstand im inländischen Privatbesitz ist. Dem Kunsthandel wird man dadurch Rechnung tragen müssen, daß man die Liste sachlich eng beschränkt d.h. auf wirklich ganz wertvolle Stücke.", Besprechung vom 05.01.1920, Bl. 49.

77 Der Kontext lässt vermuten, dass Bartning hier den Geschäftsführenden Ausschuss des Tages für Denkmalpflege meinte, Besprechung vom 05.01.1920, Bl. 63.

78 Besprechung vom 05.01.1920, Bl. 63.

79 Paul Clemen: „Die Gefährdung des deutschen Kunstbesitzes und gesetzliche Maßnahmen dagegen", in: Gemeinsame Tagung für Denkmalpflege und Heimatschutz (Hg.): *Dritte Gemeinsame Tagung für Denkmalpflege und Heimatschutz. Eisenach, 23.und 24. März 1920. Stenographischer Bericht*, Berlin 1920, S. 95–131.

ren.[80] Das sei aus der Aufnahme des Wortes „national" in der Verordnung abzuleiten. Clemen argumentierte weiter, dass erst der einschränkende Verweis auf den „nationalen Kunstbesitz" dafür verantwortlich gewesen sei, dass die Verordnung in der Öffentlichkeit so positiv aufgenommen worden sei.[81] Dass die Berliner Museumsdirektoren diesbezüglich ein anderes Verständnis hatten, war ihm nicht entgangen: „Man darf auch nicht nur den einseitigen Maßstab etwa einer hauptstädtischen musealen Schätzung und einer hauptstädtischen Museumspolitik anlegen", erklärte er,

> sondern muß sich vor Augen halten, daß im höchsten Sinne für die nationale Geschichte wertvoll in der Provinz oder an der Peripherie ein Kunstwerk erscheinen kann, das gar nicht im Handelssinne als hauptstädtisches Museumsobjekt ersten Ranges erscheinen kann.[82]

Auch äußerte er sich skeptisch über die Vorstellung von Falkes, die Eintragung von Werken ohne Rücksicht auf ihre Herkunft, allein auf Grundlage ihrer „hohen Klasse" vorzunehmen.[83] Er kontrastierte seine Position explizit mit der Position des Referenten auf der dritten Tagung des deutschen Museumsbundes, Gustav Pauli, der erklärt hatte, dass nicht einmal vorzugsweise deutsche Kunst geschützt werden solle, sondern es allein auf den kulturellen Wert eines Objektes ankomme.[84] Dementsprechend hatte auch Bode selbst die Verordnung nur wenige Tage nach ihrem Erlass kommentiert und herausgestellt, dass sich das Verbot „auf Werke von hervorragendem künstlerischem und historischem Wert" beschränke.[85]

Das spezifische Verständnis der Denkmalschützer kann man auch in der juristischen Fachliteratur wiedererkennen, die die *Verordnung über die Ausfuhr von Kunstwerken* teils als denkmalschützerische Norm einordnete und ihren Anwendungsraum entsprechend eingeschränkt interpretierte. In seiner Dissertation *Denkmalschutz* schreibt dazu beispielsweise der Jurist Joseph Krayer ganz selbstverständlich: „Das Ausfuhrverbot treffen [sic]

---

80 Clemen 1920, S. 104.
81 Clemen 1920, S. 104.
82 Clemen 1920, S. 104.
83 Clemen argumentiert das am Beispiel von chinesischem Porzellan, Clemen 1920, S. 105.
84 Clemen 1920, S. 104; Victor Dirksen: „Die Tagung des Deutschen Museumsbundes in Lübeck", in: *Kunstchronik und Kunstmarkt. Wochenschrift für Kenner und Sammler*, 48(1920), S. 923–929, hier S. 924.
85 Wilhelm von Bode: „Das neue Kunst-Notgesetz", in: *Dortmunder Zeitung*, 30.12.1919, S. 1–2, hier S. 1.

Meisterwerke deutscher Herkunft, die wesentliche Bedeutung für deutsche Kultur und Kunst haben."[86] Auch der Jurist Karl Asal, der die Verordnung in seiner Dissertation *Die neuen reichsrechtlichen Denkmalschutzbestimmungen* behandelte, schrieb über ihren Anwendungsbereich:

> Gemeint ist der Bestand an solchen Werken, die für die deutsche Kunst und Kultur wesentliche Bedeutung beanspruchen dürfen. Es kommen also nur Meisterwerke, und zwar in 1. Linie solche deutscher Herkunft in Betracht. Werken [sic] ausländischer Meister werden dem ‚nationalen Kunstbesitz' nur unter [der] Voraussetzung zuzurechnen sein, dass sie schon seit geraumer Zeit mit unserem Kunst- und Kulturleben auf das Engste verwachsen sind.[87]

Beide Einschätzungen spiegeln gleichwohl nicht die damals übliche und maßgeblich durch Preußen geprägte Rechtspraxis wider, denn Kunstwerke nicht deutscher Herkunft machten trotz der Kritik aus Bayern im ersten Verzeichnis der national wertvollen Kunstwerke von 1922 einen wichtigen Anteil der Unterschutzstellungen aus.[88]

Denkmalpfleger und Museumsvertreter interpretierten die Verordnung also von Beginn an unterschiedlich und entwickelten so zwei divergente Vorstellungen von den Aufgaben des Abwanderungsschutzes. Insbesondere auf die Frage, was „nationaler Kunstbesitz" war und welche Teile des Besitzes geschützt werden sollten, fanden sie unterschiedliche Antworten. Die Denkmalpfleger interpretierten die Verordnung vor dem Hintergrund ihres langen Kampfes gegen die Kommerzialisierung der deutschen Kultur und rechneten nur jene Werke zum schützenswerten Kunstbesitz, die der deutschen Nation zugerechnet werden konnten.[89] Diese Zuordnung ließ sich ihrer Auffassung nach nur für Kunstwerke deutscher Künstler oder Werke, die mit der deutschen Kultur durch eine lange Geschichte verbunden wa-

86 Krayer 1930, S. 114.
87 Asal 1923, S. 39.
88 Obenaus 2016, S. 144–148.
89 Dazu Clemen 1920, S. 81: „Für die Auffassung, dass die für die deutsche Kunstgeschichte wesentlichen Werke in keiner Weise *dem Vaterlande entfremdet* [Hervorhebung d. Verf.] werden dürfen, darf man sich auf die viel strengere und von einem höheren Verantwortungsgefühl zeugende Auffassung des Auslandes berufen, etwa auf die Definition, die schon in dem Gesetz über den Schutz der Kunstdenkmäler und Altertümer in Griechenland vom Jahre 1834 gegeben ist, das einfach bestimmt, daß alle antiken Denkmäler als von den hellenischen Vorfahren herrührend Nationalgut aller Hellenen seien, auf die verwandten Erklärungen in den italienischen, türkischen, bulgarischen Kunstgesetzen."

ren, rechtfertigen. Die Werke sollten nicht dem internationalen Kunstmarkt überlassen werden, der kulturelle Bindungen zu zerstören und die Kunstwerke zu „entfremden“ drohte. Dies zu verhindern war in ihren Augen die eigentliche Aufgabe des Abwanderungsschutzes und so galten ihnen die weiter gehenden kulturgutschützenden Normen in Griechenland oder Italien, die Bode verachtete, als Vorbild. Insofern ist es nur konsequent, dass Clemen die Verordnung als ersten Schritt hin zu einer „teilweisen Sozialisierung des Kunstbesitzes“ sah.[90] Seiner Auffassung nach sollte die Verordnung am Anfang einer Reihe von gesetzlichen Maßnahmen stehen, die das Privateigentum an heimischer Kunst einschränken.

Die Vertreter der Berliner Museen interpretierten die Verordnung hingegen im Lichte ihrer eigenen Sammelinteressen. Sie wollten den Ausverkauf jener Kunstwerke ins Ausland verhindern, die häufig erst während der letzten 40 Jahre über den Handel ins Deutsche Reich gebracht worden waren. Zum schützenswerten nationalen Kunstbesitz zählten demzufolge lediglich die kunsthistorisch besonders bedeutsamen Werke unabhängig von ihrem Entstehungskontext. Dahinter stand das Interesse, diese Werke mithilfe abwanderungsschützender Maßnahmen zumindest potenziell für die öffentlichen Museen zu sichern. Die Verordnung sollte aus ihrer Sicht die temporäre Schwächung der deutschen Kaufkraft ausgleichen, wobei es nicht darum ging, den Kunstmarkt grundsätzlich zu beschränken, sondern die verringerte fiskalische Kapazität durch staatlichen Zwang auszugleichen. In diesem Sinne verstand Bode auch die italienischen Regelungen zum Abwanderungsschutz. Die dort geltenden Ausfuhr- und Veräußerungsverbote würden als Mittel genutzt, um in Ankaufsverhandlungen mit den Eigentümern eintreten und die Kunstwerke schließlich in öffentliches Eigentum überführen zu können.[91] Der deutschen Nation würde nicht dadurch gedient, dass alle deutschen Kunstwerke in ihrem historischen Kontext blieben, sondern indem die besten Werke im Land gehalten und möglichst in öffentlichen Sammlungen ausgestellt würden.[92] Für die Berliner Museumsbeamten war die Überführung von hervorragenden Kunstwerken aus

90 Clemen 1920, S. 81.

91 Bode 1918a, S. 2.

92 Bode war der Ansicht, dass die deutsche Kunst mehr Einfluss durch Werke aus dem Ausland brauchte, siehe Wilhelm von Bode: „Zur Förderung der deutschen Kunst“, in: *Kölnische Zeitung*, 28.10.1988, abgedruckt in: Staatliche Museen zu Berlin (Hg): *Wilhelm von Bode als Zeitgenosse der Kunst. Zum 150. Geburtstag*, Ausst. Kat., Staatliche Museen zu Berlin, Berlin 1995, S. 87–94.

Privateigentum in öffentliches Eigentum folglich ein zentrales Element des Abwanderungsschutzes.

Die Verordnung von 1919 stellte also kein vollkommen durchdachtes Regulierungsprogramm des Kunstmarktes dar. Vielmehr versuchte man in einer Zeit, in der der Staat durch die Haushaltslage fiskalisch nicht handlungsfähig war, staatliche Behörden mit Eingriffsmöglichkeiten auszustatten, mit denen dann im Kunstmarkt unterschiedliche Ziele verfolgt werden konnten. Dabei erwies sich das Mittel des listenbasierten Ausfuhrgenehmigungsvorbehaltes als konsensfähig und flexibel, denn aufgrund der offenen Formulierung der Eintragungsvoraussetzung in § 1 Abs. 1 ließen sich die unterschiedlichen Vorstellungen vom staatlichen Engagement im Kunstmarkt realisieren.

Die unterschiedlichen Vorstellungen von den Aufgaben des Abwanderungsschutzes auf Landesebene spiegeln sich auch in den Verzeichnissen der national wertvollen Kunstwerke wider. Wie Maria Obenaus herausgearbeitet hat, war die Umsetzung der Verordnung schon während der ersten Jahre äußerst uneinheitlich.[93] Während Bayern beispielsweise ganz überwiegend (86 Prozent) Kunstwerke aus Deutschland eintrug, lag deren Anteil in Preußen bei nur rund 40 Prozent.[94] Die föderal uneinheitliche Umsetzung wurde in der Folge immer wieder kritisiert und die Erarbeitung gemeinsamer Richtlinien gefordert. Ein wichtiger Faktor war dabei, dass die Sammelinteressen der Museen bei der Anwendung der Verordnung eine entscheidende Rolle spielten.[95] Verfahrenseinleitungen und Eintragungen wurden, wie von Bode angedacht, als Druckmittel in Verhandlungen mit Privateigentümern verwendet. Auch das war neben der uneinheitlichen Anwendung der Verordnung als solcher, die zu immer neuen Grundsatzdebatten Anlass gab, ein wichtiger Grund dafür, dass die gesetzliche Regelung im Laufe der 1920er Jahre in Fachkreisen an Unterstützung verlor.[96] Dennoch wurden in dieser Zeit weder die vagen gesetzlichen Eintragungsvoraussetzungen präzisiert noch das Verwaltungsverfahren reformiert.

93 Obenaus 2016, S. 207.
94 Obenaus 2016, S. 144.
95 Obenaus 2016, S. 286–298.
96 Obenaus 2016, S. 207–208.

Der Abwanderungsschutz seit Gründung der Bundesrepublik

Nach dem Zweiten Weltkrieg waren die Bedingungen, unter denen die Kulturverwaltungen arbeiteten, denjenigen, unter denen die Verordnung 1919 verabschiedet wurde, erstaunlich ähnlich. Die Abwanderung wichtiger Kunstwerke aus Privateigentum infolge der katastrophalen wirtschaftlichen Lage provozierte eine erneute Debatte zur staatlichen Regulierung des Kunstmarkts und eine kontroverse Diskussion des Abwanderungsschutzes. Wie Nina Kathalin Kummer in diesem Band gezeigt hat, standen sich dabei abermals Vertreter der Denkmalpflege und der Museen gegenüber und hatten unterschiedliche Vorstellungen vom Zweck abwanderungsschützender Maßnahmen.[97] Mit dem *Gesetz zum Schutz deutschen Kulturgutes gegen Abwanderung* vom 6. August 1955 wurden schließlich wesentliche Elemente der Weimarer Vorgängerregelung, vor allem die offene Zweckformulierung und die vagen Eintragungsvoraussetzungen, übernommen.

Dass die dazu bestehenden divergenten Vorstellungen auch in der bundesrepublikanischen Umsetzung nebeneinander existierten, lässt sich an den insgesamt vier Empfehlungen der Kultusministerkonferenz zur Eintragung von Kulturgütern in das Verzeichnis national wertvollen Kulturgutes erkennen. Der wohl einflussreichste Kriterienkatalog war derjenige, den die Konferenz 1983 verabschiedete und der häufig von Verwaltungsgerichten (teilweise auch nachdem neuere Empfehlungen verabschiedet worden waren) in Urteilen zitiert und zur Konkretisierung der Tatbestandsmerkmale herangezogen wurde.[98] Darin wurde beschlossen, dass sowohl „a) wichtige Objekte von Künstlern, die internationalen Rang haben", geschützt werden müssten als auch „e) die wichtigsten Objekte, die für die regionale oder lokale Geschichte von besonderer Bedeutung sind".[99] Dass sowohl Kunst von internationalem Rang als auch Objekte, die für die lokale Geschichte von besonderer Bedeutung sind, genannt werden, könnte zunächst irritieren. Auf der Grundlage des zuvor Dargelegten kann man jedoch erkennen, dass (a) im Grunde genommen der Argumentation Wilhelm von Bodes entspricht und (e) den Vorstellungen von Georg Dehio und anderen Denkmal-

97 Siehe dazu den Beitrag von Nina Kathalin Kummer in diesem Band, S. 51.

98 VG Hannover: Urteil v. 09.06.1989 – 6 A 69/87, NVwZ-RR 1991, S. 643; VG Berlin: Urteil v. 22.01.2015 – VG 1 K 228.11, ZUM-RD 2015, S. 611.

99 Kultusministerkonferenz: „Kriterienkatalog zum Vollzug des Gesetzes gegen Abwanderung vom 6.8.1955", 20.05.1983, abgedruckt in: *Sammlung der Beschlüsse der Ständigen Konferenz der Kulturminister der Länder in der Bundesrepublik Deutschland*, Nr. 2005.

pflegern des Kaiserreichs und der Weimarer Republik ähnelt. Juristisch war es bis zur Novellierung des Kulturgutschutzgesetzes tatsächlich umstritten, ob es einen „wie auch immer gearteten Bezug zur deutschen Kultur“ für die Eintragung von Kulturgütern in das Schutzverzeichnis braucht.[100]

Was folgt daraus? Probleme und Inkonsistenzen im deutschen Abwanderungsschutz

Man kann also nachweisen, dass es seit 1919 zwei unterschiedliche Vorstellungen davon gab, welche Kulturgüter aus welchem Grund durch staatliche Maßnahmen vor der Abwanderung ins Ausland geschützt werden sollen. Der Wortlaut der Norm und die Anwendung des Gesetzes wurde bis 2016 nicht nur von der Denkmalpflege geprägt, der es vorrangig um den Erhalt des kulturellen Kontextes ging, sondern mindestens genauso stark von Museumsvertretern, die die Erweiterung der eigenen Sammlung durch bedeutende Werke aus Privateigentum zum Ziel hatten. Es war dann dem besonderen politischen Moment nach dem Ende des Ersten Weltkrieges geschuldet, dass beide Vorstellungen in einer Norm zusammengefallen sind. Das ist nicht nur für das Verständnis der Gesetzgebungsgeschichte relevant, sondern auch für das Verständnis der Gesetzesanwendung bis in die unmittelbare Gegenwart.

So lässt sich dadurch zunächst die besondere Rolle der Museen im Verfahren besser verstehen. Wilhelm von Bode hatte es verstanden, seine fachliche Kompetenz sowohl bei der Beratung der Sammler als auch im Umgang mit der preußischen Landesregierung zu nutzen. Wegen der Konzentration der kunsthistorischen Expertise in den Museen waren sowohl die Privatsammler als auch die Verwaltungsbeamten auf die Einschätzungen der Museumsfachleute angewiesen. Deswegen reagierte Bode auch so empfindlich auf Kunsthistoriker, die sich in den Dienst des Kunsthandels stellten und das Wissensmonopol der Museen bedrohten.[101] Der kunsthistorische Sachverstand war dann auch das Mittel, mit dem die Museen

100 Norbert Bernsdorff/Andreas Kleine-Tebbe: *Kulturgutschutz in Deutschland. Ein Kommentar*, Köln u. a. 1996, S. 35.

101 Wilhelm von Bode: „Sollen sich die deutschen Kunsthistoriker zu einer Fachgenossenschaft zusammenschließen?“, in: *Kunstchronik. Wochenschrift für Kunst und Kunstgewerbe*, 32(1917), S. 337–341; Andrea Meyer: *Kämpfe um die Professionalisierung des Museums. Karl Koetschau, die Museumskunde und der Deutsche Museumsbund 1905–1939*, Bielefeld 2021.

ihre Sammelinteressen im Abwanderungsschutz zur Geltung bringen konnten,[102] denn die Kulturbehörden hatten bei der Durchsetzung von Anfang an ein Informationsproblem. Zum einen hatten die zuständigen Verwaltungsbeamten selbst in der Regel keinen Überblick über den Kunstmarkt und wussten nicht, wem welche Kunstwerke gehörten. Zum anderen mussten sie Fachleute zu verschiedenen Künstlern und Epochen befragen, um die Klassifizierung eines Werkes als „national wertvoll" vornehmen zu können. Dazu konnten sie auf das Wissen der Museumsbeamten zurückgreifen, wodurch diesen im Verfahren eine zentrale Rolle zukam. Wie Charlotte Klonk in ihrem Beitrag zu diesem Band deutlich macht, wurde diesem Umstand mit den Ausführungsbestimmungen zur ersten Verordnung von 1919 noch explizit Rechnung getragen; und obwohl den Museen gemäß den Durchführungsverordnungen zum Gesetz von 1955 kein offizielles Antragsrecht zugesprochen wurde, gingen die Kulturbehörden weiterhin davon aus, dass sie sich mit entsprechenden Hinweisen ins Verfahren einbringen würden.[103]

Wie Nina Kathalin Kummer gezeigt hat, kann diese besondere Rolle der Museen auch erklären, warum das Gesetz in der Bundesrepublik föderal so uneinheitlich umgesetzt wurde und die Anzahl und Art der unter Abwanderungsschutz gestellten Objekte in den einzelnen Ländern teils so stark voneinander abweichen.[104] Es zeigt sich zum Beispiel, dass Berlin bis heute einen größeren Anteil an Gemälden internationaler Herkunft vor Abwanderung schützt, denn in der Hauptstadt spielen große Museen eine bedeutendere Rolle als in anderen Ländern. Das galt auch schon, wie Maria Obenaus gezeigt hat, für Preußen.[105] In Bayern hingegen spielte die Denkmalbehörde bei der Durchführung des Abwanderungsschutzes eine wichtige Rolle. Das könnte mit erklären, warum das Land das Kulturgutschutzgesetz viel breiter anwendet als andere Länder und zum Beispiel auch vermehrt Güter aus der Technikgeschichte schützt.[106]

Aus rechtshistorischer Perspektive muss man den gesetzlichen Abwanderungsschutz in Deutschland folglich als ein Instrument verstehen, mit dem verschiedene öffentliche Institutionen ein Mittel zur Durchsetzung

102 Siehe dazu den Beitrag von Nina Kathalin Kummer in diesem Band, S. 45–46.
103 Siehe dazu den Beitrag von Charlotte Klonk in diesem Band, S. 100.
104 Siehe dazu den Beitrag von Nina Kathalin Kummer in diesem Band, S. 34, 55.
105 Obenaus 2016, S. 144.
106 „Länderverzeichnis Bayern", URL: https://www.kulturgutschutz-deutschland.de/DE/3_Datenbank/Kulturgut/Bayern/_function/liste_node.html, letzter Zugriff am 30.03.2024.

ihrer jeweiligen Interessen und Vorstellungen an die Hand gegeben wurde. Dementsprechend waren die gesetzlichen Eintragungskriterien für national wertvolles Kulturgut bis zur Novellierung des Gesetzes im Jahr 2016 sehr vage formuliert worden. Das ist an sich kein Problem, denn es steht dem Gesetzgeber frei, Tatbestände offen zu formulieren und verschiedene Zwecke mit einer gesetzlichen Regelung zu verfolgen. Die Offenheit der Tatbestandsmerkmale hat aber Folgen für die Effektivität des Rechtsschutzes. Den Gerichten fiel es erkennbar schwer, den unbestimmten Rechtsbegriff des „wesentlichen Verlustes für den deutschen Kulturbesitz" nachvollziehbar zu konkretisieren. In verschiedenen Urteilen wurden unterschiedliche Eigenschaften aufgezählt, die für die Bewertung eines Objektes als „national wertvoll" relevant seien können. Das Bundesverwaltungsgericht verwies darauf, dass sich die entscheidenden Merkmale abstrakt nicht abschließend bestimmen ließen, und stellte fest, dass „die künstlerische Eigenart, der (kunst-) historische Rang und der kulturelle Wert der Objekte ebenso [...] wie ihre Einzigartigkeit oder Seltenheit sowie ihre Bedeutung für die kulturelle Entwicklung in Deutschland" relevant seien könnten.[107] In einigen Urteilen wurde auf die Richtlinien der Kultusministerkonferenz verwiesen und darunter subsumiert.[108] Doch ohne konkretere Tatbestandsmerkmale wurden die aufgezählten Kriterien nie hierarchisiert oder in Fallgruppen konkretisiert. Eine entsprechende Präzisierung hätte hier früher dazu führen können, dass die Rechtsprechung die Kriterien beständig konkretisiert und somit den Rechtsschutz für die betroffenen Eigentümer erhöht.

Umso wichtiger waren in der Praxis die Einschätzungen der Sachverständigenausschüsse und externer Gutachter. Hier aber ist die verwaltungsrechtliche Einbindung der Museen aufgrund ihrer Doppelrolle problematisch. Wie Nina Kathalin Kummer gezeigt hat, fungieren sie im Verwaltungsverfahren als beratende Dritte im Rahmen der Sachverständigenausschüsse, verfolgen dabei aber zugleich eigene Interessen. So ließ sich zeigen, dass Eintragungsverfahren oftmals nur dann durch informelle Hinweise der Museumsleitungen angestoßen wurden, wenn diese hofften, dadurch bedeutende Kulturgüter für die eigene Sammlung zu bewahren.[109] Diese Problematik wurde durch die offene Zweckbestimmung und die vagen Eintragungsvoraussetzungen des Gesetzes zugespitzt, da die Verwaltungsgerichte die Eintragungsvoraussetzung nicht restriktiver auslegen konnten.

107 BVerwG: Urteil v. 27.05.1993 – 7 C 33.92, BVerwGE 92, S. 288.
108 U. a. VG Hannover: Urteil v. 09.06.1989 – 6 A 69/87, NVwZ-RR 1991, S. 643.
109 Siehe dazu den Beitrag von Nina Kathalin Kummer in diesem Band, S. 34.

Soweit es bei den Verwaltungsverfahren letztlich um die Überführung in öffentliches Eigentum geht, wäre ein intensiverer Rechtsschutz angemessen, um die Eigentümer zu schützen und das Verfahren fairer zu gestalten.

Der erschwerte Rechtsschutz hat vermutlich auch mit einem weiteren Problem zu tun: der fehlenden Akzeptanz des deutschen Abwanderungsschutzes. Dieses Akzeptanzproblem zeigte sich besonders deutlich in der Debatte um die Novellierung des Gesetzes von 2016. Nachdem ein erster Referentenentwurf einigen Interessierten zugespielt wurde, war die Kritik von Kunsthändlern, Anwälten und einzelnen Privatsammlern so heftig, dass der Gesetzgeber den Anwendungsbereich des Abwanderungsschutzes deutlich einschränkte.[110] Die explizit vorgesehene Möglichkeit, Werke von Künstlern von „internationalem Rang" zu schützen, wurde gestrichen und die Anforderung, dass eingetragene Werke „identitätsstiftend für die Kultur Deutschlands" sein müssten, ergänzt. Wie schon in der Weimarer Republik hatte die Masse der potenziell betroffenen Kunstwerke zu öffentlicher Kritik geführt.[111] Über die Auslegung der neuen Eintragungsvoraussetzungen „Bedeutsamkeit für das kulturelle Erbe Deutschlands, der Länder oder einer seiner historischen Regionen" und die „identitätsstiftendende" Funktion für die Kultur Deutschlands gibt es seit 2016 in der juristischen Literatur einen Streit, der noch nicht höchstrichterlich geklärt worden ist.[112] Entsprechend der von Charlotte Klonk vertretenen Ansicht besteht jedoch kein Zweifel daran, dass der Gesetzgeber mit § 7 Abs. 1 Satz 1 KGSG ein einschränkendes Tatbestandsmerkmal hinzugefügt hat.[113] Das bedeutet, dass die Vorstellung, man müsse den deutschen Kunstbesitz vor Abwanderung ins Ausland schützen – und zwar als Bestand der kunst- und kulturhistorisch bedeutsamsten Werke unabhängig von ihrer Herkunft –, im deutschen Kulturgutschutzrecht so nicht mehr aktuell ist. Der Rechtfer-

110 Harald Falckenberg: „Chronologie der Gesetzgebung zum Kulturgutschutz", in: Lucas Elmenhorst/Volker Wiese (Hg.): *Kulturgutschutzgesetz. Kommentar*, München 2018, S. 24–28.

111 Christian Herchenröder: „Eine Nation wird durchschnüffelt. Umstrittenes deutsches Kulturgutschutzgesetz", in: *Neue Zürcher Zeitung*, 17.07.2015, URL: https://www.nzz.ch/feuilleton/kunst_architektur/eine-nation-wird-durchschnueffelt-ld.727189, letzter Zugriff am 05.05.2024.

112 Für eine Verengung sprachen sich aus Lucas Elmenhorst (2018, S. 10, Rn. 27) und Benita Böhm (*Die identitätsstiftende Wirkung national wertvoller Kulturgüter*, Baden-Baden 2021, S. 134), dagegen Kerstin von der Decken, Frank Fechner und Matthias Weller (*Kulturgutschutzgesetz. Kommentar*, Baden-Baden 2020, S. 161) sowie Louisa Kimmig (2022, S. 416).

113 Siehe dazu den Beitrag von Charlotte Klonk in diesem Band, S. 88.

tigungsbedarf für die Eintragung von Objekten in das Verzeichnis national wertvollen Kulturgutes ist damit deutlich gestiegen und angesichts der Art der neuen Tatbestandsmerkmale wird es insbesondere den Museen schwerfallen, ihre Interessen mittels des Abwanderungsschutzes durchzusetzen. In Zeiten von durchgehend angespannten öffentlichen Haushalten und steigenden Kunstpreisen muss die Frage gestellt werden, ob das eine sinnvolle Einschränkung ist.[114]

Reformvorschlag zum Abwanderungsschutz

Da die unterschiedlichen Auffassungen zu den kulturpolitischen Zielen des deutschen Abwanderungsschutzes zu vielfältigen Problemen sowie einer inkonsistenten Anwendung der Norm geführt haben, liegt es nahe, eine Trennung der beiden Aufgaben zu erwägen. Zunächst erscheint es legitim, dass der Staat bestrebt ist, bedeutende Kulturgüter im Land zu halten und die Eigentumsrechte für solche Objekte, die potenziell von öffentlichem Interesse sind, im Sinne des Gemeinwohls einzuschränken. Aus diesem Grund könnte ein Gesetz sinnvoll sein, das den Landesverwaltungen gestattet, wertvolle Werke mit Exportbeschränkungen zu belegen und daraufhin Verhandlungen über den Ankauf mit den Eigentümern einzuleiten, um das betreffende Werk langfristig für den deutschen Kulturbesitz zu sichern, seine öffentliche Zugänglichkeit durch die Eingliederung in die Sammlung eines staatlichen Museums zu ermöglichen und dessen sachgerechte Aufbewahrung und Pflege zu garantieren. Ein rechtsstaatlich ausgestaltetes Vorkaufsrecht könnte hier eine wichtige Rolle spielen. Das grundsätzliche Problem jedoch, dass die Museen in der Regel nicht in der Lage sind, die gängigen Marktpreise zu zahlen, kann bei Vorkaufsrechten rechtsstaatlich nur eingeschränkt gelöst werden. Bei der Festsetzung des Kaufpreises könnte ein Ansatz aus einem Gesetzentwurf von 1917 herangezogen werden. Nach diesem Entwurf bestimmt beim Ankauf eine Expertenkommission den Marktpreis, wobei jedoch der Wert, der sich aus der Möglichkeit des Verkaufs ins Ausland ergibt, unberücksichtigt bleibt.[115] Die Auswahl der geschützten Werke würde sich dann auf solche konzentrieren, die

114 Siehe dazu den Beitrag von Charlotte Klonk in diesem Band, S. 93.

115 O. A.: Entwurf einer Bekanntmachung über den Verkehr mit Gegenständen, die einen besonderen wissenschaftlichen, geschichtlichen oder Kunstwert haben, 25.05.1917, abgedruckt in: *Protokolle über die Verhandlungen des Bundesrats des*

einen hohen (kunst-)historischen Wert besitzen, jedoch in den öffentlichen Sammlungen der Bundesrepublik noch nicht angemessen vertreten sind.

Dabei sollte, wie von Charlotte Klonk vorgeschlagen, auf die neueren, restriktiveren Merkmale der Novellierung von 2016 verzichtet werden, welche den Schutz auf Werke beschränkt, die als relevant für das kulturelle Erbe Deutschlands und als identitätsstiftend für die deutsche Kultur erachtet werden.[116] Das vorgeschlagene Gesetz hätte somit zum Ziel, Kunstwerke und andere besonders bedeutsame Kulturgüter zu schützen, bei denen das öffentliche Interesse nicht in dem Erhalt des Entstehungskontextes oder einem konkreten Bezug zur deutschen (Kultur-)Geschichte liegt, sondern in der langfristigen Sicherung für ein staatliches Museum und allen damit verbundenen, oben genannten Vorteilen. Der Eingriffszweck wäre somit der Schutz einzelner besonders bedeutsamer Kulturgüter für die staatlichen Sammlungen im Sinne des skizzierten musealen Verständnisses von Abwanderungsschutz. In diesem Fall müsste das Verwaltungsverfahren an die Rechtsschutzbedürfnisse der betroffenen Eigentümer angepasst werden, beispielsweise durch transparentere Verfahren, die Beteiligung von unabhängigen Sachverständigenausschüssen und Fachgutachtern zur Beurteilung der infrage stehenden Werke sowie strengen Fristenregeln, um ein Hinhalten der Eigentümer zu verhindern.

Zweitens könnte, wie ebenfalls von Charlotte Klonk vorgeschlagen, eine einheitliche Nutzung der Denkmalschutzgesetze durch alle Bundesländer angestrebt werden, um auch bewegliche Kulturgüter umfassender zu schützen.[117] Derzeit schützen einige Bundesländer wie beispielsweise Berlin bewegliche Denkmäler lediglich begrenzt.[118] Für Kulturgüter von besonderem Wert für die Regionalgeschichte oder die Geschichte des deutschen Nationalstaats könnten weiter gehende Maßnahmen eingeführt werden, die im Denkmalschutz bekannt sind. Hierbei ist an eine Verpflichtung zur Zugänglichmachung für Wissenschaft und Öffentlichkeit, zur Erhaltung in einem bestimmten Kontext oder zur Instandhaltung zu denken. Neue, in dieser Weise reformierte Denkmalschutzgesetze würden wiederum dazu dienen, Kulturgüter zu schützen, die aufgrund ihrer Bedeutung für die

---

Deutschen Reichs. Drucksachen zu den Verhandlungen des Bundesrats des Deutschen Reichs, Nr. 160, Session 1917.

116 Siehe dazu den Beitrag von Charlotte Klonk in diesem Band, S. 99.

117 Siehe dazu den Beitrag von Charlotte Klonk in diesem Band, S. 93, 99.

118 §§ 2, 3 *Gesetz zum Schutz von Denkmalen in Berlin* (DSchG Bln), 24.04.1995, GVBl. v. 06.05.1995, S. 274.

regionale oder überregionale Geschichte schützenswert sind, ohne auf Ankaufsverhandlungen mit den Eigentümern angewiesen zu sein.

Nomen est Omen.
Die Begriffe des Kulturgutschutzgesetzes und ihre Konsequenzen

Charlotte Klonk

In der Diskussion um die Novellierung des Kulturgutschutzgesetzes im Jahr 2016 wurde in der Öffentlichkeit die Frage debattiert, wie die Bestimmung „national wertvoll" im Hinblick auf Kulturgüter zu verstehen sei. Kaum jemand hatte einen Überblick über die Vielfalt und Art der Objekte, die in den seit 1961 existierenden bundesdeutschen Verzeichnissen mit dieser Bezeichnung geführt wurden, und so hofften manche, dass sich hier ein dynamisches Verständnis der nationalen Identität über die Zeit abzeichnen könnte.[1] Andere hingegen zogen grundsätzlich in Zweifel, dass „der Topos des ‚Nationalen'" im Vorfeld des Gesetzgebungsverfahrens angemessen kritisch reflektiert worden sei.[2]

Wie Nina Kathalin Kummers Auswertung der Verwaltungsakten in diesem Band gezeigt hat, ist die Frage nicht neu. Entsprechende Debatten sind bereits in den überlieferten Materialien zur Anwendung der Norm seit 1947 nachweisbar, als in Westdeutschland die Diskussion über die Umwandlung der Reichsverordnung der Weimarer Republik in ein Gesetz begann. Theodor Schöllgen wiederum hat herausgestellt, dass eine Offenheit der gesetzlichen Eintragungskriterien bereits angelegt war, als die erste *Verordnung über die Ausfuhr von Kunstwerken* nach langer Diskussion 1919 verabschiedet wurde. Es ging darum, die Interessen der Denkmalpflege, die damals von einem emphatischen Begriff der Kulturnation geprägt waren, in Einklang zu bringen mit den Bemühungen der Museen, international bedeutende Kunstwerke für die öffentlichen Sammlungen zu sichern.

Die Juristin Benita Böhm vermutet, dass die Gesetzgebung von 2016 auf die im Vorfeld erstmals auch von einer breiteren Öffentlichkeit geäußerte

1 Matthias Müller: „Wa(h)re Kunst. Kulturgutschutz zwischen persönlicher Freiheit und gesellschaftlicher Bindung. Anmerkungen zur Debatte über die Definition ‚nationalen' Kulturguts", in: *Kulturpolitische Mitteilungen. Zeitschrift für Kulturpolitik der Kulturpolitischen Gesellschaft*, 2/153(2016), S. 26–32, hier S. 30.

2 Sophie Schönberger: „Kunst, Krieg und Nation. Der Entwurf des neuen Kulturgutschutzgesetzes liest sich wie die Diagnose einer kollektiven Identitätskrise", in: *Süddeutsche Zeitung*, 08.06.2016, S. 9.

Kritik an der Unbestimmtheit der Begriffe reagiert hat. Aus „Gründen der Rechtssicherheit", so schreibt sie, sei „bewusst eine enge Definition national wertvollen Kulturguts" mit einem neuen Tatbestandsmerkmal eingeführt worden.[3] Das zuvor geltende *Gesetz zum Schutz deutschen Kulturgutes gegen Abwanderung* von 1955 bestimmte im ersten Absatz seines ersten Paragrafen lediglich, dass solche Kunstwerke und Objekte in ein „Verzeichnis national wertvollen Kulturgutes" einzutragen waren, „deren Abwanderung aus dem Geltungsbereich dieses Gesetzes einen wesentlichen Verlust für den deutschen Kulturbesitz bedeuten würde".[4] Dem entspricht Ziffer 2 von § 7 Abs. 1 im neuen Kulturgutschutzgesetz von 2016. Hinzugefügt wurde jedoch eine weitere Einschränkung unter der vorangestellten Ziffer 1: Eintragungspflicht besteht nur noch dann, wenn Kulturgut „besonders bedeutsam für das kulturelle Erbe Deutschlands, der Länder oder einer seiner historischen Regionen und damit identitätsstiftend für die Kultur Deutschlands ist".[5]

Der bloße Wortlaut könnte mit der Oder-Reihung in der ersten Hälfte des Satzes von Ziffer 1 nahelegen, die Menge von Objekten für nicht leer zu halten, die (a) besonders bedeutsam nur für das kulturelle Erbe der Länder (oder häufiger mutmaßlich nur eines Landes) oder einer bestimmten, nicht mit einem heutigen Bundesland zusammenfallenden historischen Region, nicht aber für das kulturelle Erbe Deutschlands sind und (b) dennoch identitätsstiftend für die Kultur Deutschlands. Das würde aber ohne Zweifel in eine Scholastik der Pseudo-Paradoxien hineinführen, während vor dem Hintergrund des deutschen Kulturföderalismus und seiner langen Vorgeschichte offensichtlich etwas Einfaches gemeint ist: Es gibt Objekte, deren Bedeutung ganz eng mit ihrem regionalen Entstehungs- oder Bestimmungsort zusammenhängt und die nicht dennoch, sondern gerade deswegen zu dem gehören, was die Kultur Deutschlands ist oder ausmacht.

Durch die zweite Hälfte von Ziffer 1 ist ein für die Bestimmung des Pflichteintragsgutes entscheidender Bezug zur Kultur des Gesamtstaats Deutschland beziehungsweise zum Selbstverständnis seiner Bürger/-innen gesetzt. Damit wird der Sache nach die nationale Identität als Bezugsgrö-

3 Benita Böhm: *Die identitätsstiftende Wirkung national wertvoller Kulturgüter*, Baden-Baden 2021, S. 134.

4 § 1 Abs. 1 *Gesetz zum Schutz deutschen Kulturgutes gegen Abwanderung* (KultGSchG), 06.08.1955, BGBl. I v. 09.08.1955, S. 501.

5 § 7 Abs. 1 Nr. 1 *Gesetz zum Schutz von Kulturgut* (Kulturgutschutzgesetz – KGSG), 31.07.2016, BGBl. I v. 05.08.2016, S. 1914.

ße in die Durchführung des neuen Kulturgutschutzgesetzes einbezogen und so findet sich dieser Begriff auch an wesentlicher Stelle der Gesetzesbegründung der Bundesregierung: „Insbesondere Kulturgut, das eng mit einer geschichtlichen Epoche oder Situation verbunden ist und damit für die nationale Identität bedeutsam ist, soll nicht ins Ausland abwandern."[6] Eindeutig geht aus der regierungsamtlichen Erläuterung hervor, dass der Gesichtspunkt der Identitätsstiftung für die Kultur Deutschlands als Ausschlusskriterium dienen soll, durch dessen Anwendung die Listen vom nicht hinreichend Bedeutsamen freizuhalten sind. „Nur dasjenige Kulturgut kann als national wertvoll zählen", so heißt es, „das besonders bedeutsam und identitätsstiftend für die Kultur Deutschlands ist. Nicht jedes Kulturgut von geschichtlicher, künstlerischer oder wissenschaftlicher Bedeutung ist damit unter Schutz zu stellen."[7] Im Einzelfall ist also zu entscheiden, ob ein Werk „besonders bedeutsam für das kulturelle Erbe Deutschlands" und deshalb „identitätsstiftend" ist.

Kulturelles Erbe und Identitätsstiftung

Damit greift das neue Gesetz auf Begriffe zurück, die seit den 1990er Jahren, nicht zuletzt aufgrund der intensiv rezipierten Forschung von Jan und Aleida Assmann zum kulturellen Gedächtnis und dessen identitätsstiftender Funktion, erstmals in großem Stil Einzug in die wissenschaftlichen Debatten der Bundesrepublik gehalten haben.[8] Als Handreichung für die Bestimmung von Objekten eignet sich diese Forschung jedoch nicht, denn im Wesentlichen geht es hier um rituell oder diskursiv hervorgebrachte Bedeutungen, die sich, so hat vor allem Aleida Assmann wiederholt betont, in den modernen Nationalstaaten weitgehend durch ihre konstitutive Offenheit auszeichnen.[9]

---

6 Deutscher Bundestag: Entwurf eines Gesetzes zur Neuregelung des Kulturgutschutzrechts, BT-Drucksache 18/7456, 03.02.2016, S. 68, URL: https://dserver.bundestag.de/btd/18/074/1807456.pdf, letzter Zugriff am 19.03.2024.

7 Deutscher Bundestag 2016, S. 68.

8 Jan Assmann: „Kollektives Gedächtnis und kulturelle Identität", in: Jan Assmann/Tonio Hölscher (Hg.): *Kultur und Gedächtnis*, Frankfurt a. M. 1988, S. 9–19; Jan Assmann: *Das kulturelle Gedächtnis. Schrift, Erinnerung und politische Identität in frühen Hochkulturen*, München 1992; Aleida Assmann: *Arbeit am nationalen Gedächtnis. Eine kurze Geschichte der deutschen Bildungsidee*, Frankfurt a. M. 1993.

9 Aleida Assmann: *Die Wiedererfindung der Nation. Warum wir sie fürchten und warum wir sie brauchen*, München 2020.

Einen ersten Hinweis darauf, wie diese neu hinzugefügten Begriffe im Gesetz von den Sachverständigenkommissionen und Verwaltungen interpretiert werden, liefert die Beobachtung von Nina Kathalin Kummer, dass seit der Novellierung kein Kulturgut ohne eine regionale Ortsbindung oder personale Zuordnung entweder der Produzierenden oder des Gegenstands zu einem der Bundesländer in die Listen aufgenommen wurde.[10] Deutlich ist auch, dass sich das Gesetz mit dieser zusätzlichen Eingrenzung des gegen Abwanderung zu schützenden Kulturguts den spezifischeren Regularien der Landesdenkmalschutzgesetze angenähert hat. Mit § 18 ist nun erstmals auch ein Beschädigungsverbot eingeführt worden, das zuvor lediglich für Objekte galt, die unter Denkmalschutz standen. Fast wortgleich werden in den Landesdenkmalschutzgesetzen Kulturgüter erfasst, „an deren Erhalt aus künstlerischen, wissenschaftlichen, technischen, geschichtlichen oder städtebaulichen Gründen ein öffentliches Interesse besteht",[11] womit eine für die instrumentelle Prämisse der identitätsstiftenden Bedeutung ohne Zweifel notwendige faktische Voraussetzung benannt wird.[12] Die Denkmalschutzgesetze jedoch kommen im Gegensatz zum neuen Kulturgutschutzgesetz ohne das Kriterium der Identitätsstiftung aus.

Der Grund liegt auf der Hand: Wenn zum Beispiel, wie in der Stadt Ahlen im Münsterland in jüngerer Zeit geschehen, der Landschaftsverband Westfalen-Lippe den Denkmalschutz für ein Gebäude empfiehlt – in diesem Fall den zwischen 1975 und 1982 entstandenen Rathauskomplex, der als wichtiges baukulturelles Beispiel der damaligen demokratischen Utopie von städtischen Verwaltungsorten als Kulturzentren gilt –,[13] die Vertreter/-innen der Stadt aber aufgrund der hohen Sanierungskosten den Abriss fordern und schließlich die zuständige Landesministerin nach Abwägung aller Gemeinwohlinteressen die Unterschutzstellung im Jahr 2019 ablehnt,[14] so müsste man sich nun, da das Rathaus verschwinden wird, um die Menschen vor Ort Sorgen machen, hätte der Denkmalschutz in seinem Gutachten mit der identitätsstiftenden Bedeutung des Objekts argumentiert.

10 Siehe den Beitrag von Nina Kathalin Kummer in diesem Band, S. 30.

11 Siehe z. B. § 2 Abs. 1 *Hessisches Denkmalschutzgesetz* (HDSchG), 28.11.2016, GVBl. v. 05.12.2016, S. 211.

12 Böhm 2021, S. 91.

13 Walter Meyer-Bohe: *Rathäuser*, Stuttgart 1984, S. 188.

14 Zur Begründung der Ministerin siehe URL: https://www.land.nrw/pressemitteilung/ministerin-scharrenbach-ahlener-rathaus-wird-nicht-unter-denkmalschutz-gestellt#:~:text=Das%20Ahlener%20Rathaus%20wird%20nicht,Landes%20Nordrhein%2DWestfalen%2C%20entschieden, letzter Zugriff am 19.03.2024.

Rathaus Ahlen, Südseite, 1977, Arch. Brigitte und Christoph Parade

Stattdessen liegt der Schwerpunkt in der Denkmalpflege auf dem empirisch zu erbringenden Nachweis sowohl der historischen, künstlerischen, technischen oder wissenschaftlichen Bedeutung als auch des öffentlichen Interesses, also des Bekanntheitsgrads in der Region oder der Fachwissenschaft, einem Nachweis, der für Baudenkmale selbstverständlich leichter zu erbringen ist als für so manches Kunstwerk in Privatbesitz, das für eine Eintragung in das Verzeichnis national wertvollen Kulturbesitzes infrage kommt. Die überwiegende Mehrheit der Denkmalschutzgesetze listet jedoch auch bewegliche Objekte mit regionalem oder personalem Bezug, ohne dass sie selbst Teil eines Denkmals sein müssen.[15] Auch für sie gilt in den meisten Ländern nicht nur die Pflicht zum Erhalt der Substanz,

15 Claas Friedrich Germelmann: *Kultur und staatliches Handeln. Grundlagen eines öffentlichen Kulturrechts in Deutschland*, Tübingen 2013, S. 691.

sondern auch der Genehmigungsvorbehalt für die Entfernung vom Stand- oder Aufbewahrungsort.

Anton von Werner, Die Proklamierung des deutschen Kaiserreiches (18. Januar 1871), 1885, Öl auf Leinwand, 167 x 202 cm, Bismarck-Museum Friedrichsruh

Unter diesen Voraussetzungen hätte im Grunde auch das Land Schleswig-Holstein Anton von Werners Gemälde *Die Proklamierung des deutschen Kaiserreiches* (1885), das 2021 in das Verzeichnis national wertvollen Kulturgutes aufgenommen wurde, unter Landesdenkmalschutz stellen können, denn es handelt sich hierbei um die sogenannte Friedrichsruher Fassung, die als Geschenk der kaiserlichen Familie für Otto von Bismarck angefertigt wurde. Seit seiner Fertigstellung befindet sich das Werk in Friedrichsruh, dem Wohn- und Sterbeort des Reichskanzlers. 2021 erwarb es die 1997 durch den Deutschen Bundestag errichtete Otto-von-Bismarck-Stiftung, die das ursprünglich von der Familie eingerichtete Museum am Ort übernahm.[16] Insofern ist zwar durchaus eine nationale Bedeutung gegeben,[17] aber einer Erfassung durch das Landesamt für Denkmalpflege in Schleswig-Holstein widerspricht diese Tatsache nicht, zumal das Bismarck-Museum selbst gelistet ist. Lediglich der von Nina Kathalin Kummer bereits erwähnte, im europäischen Recht verankerte und bisher über das Kulturgutschutzgesetz geregelte Rückgabeanspruch wäre dann noch zu klären,[18] denn im Fall, dass ein Objekt unrechtmäßig ins Ausland verbracht wurde, kann eine Rückgabe bis zu 70 Jahre nach dem Verlust nur über Bundesrecht geltend gemacht werden.

Kurzum, mit einem in diesem Sinn konkreten, an territoriale und personale Bindung anknüpfenden Verständnis von „national wertvollem Kulturgut“, wie es im neuen Gesetz in Ziffer 1 von § 7 Abs. 1 zum Ausdruck kommt, würde sich ein bundesweites Verzeichnis erübrigen, wenn die Landesdenkmalschutzgesetze überall einheitlich bewegliche Objekte von besonderer kultureller Bedeutung sowie Bodenfunde aufnähmen, zumal dadurch auch der Substanzschutz umfangreicher gewährleistet wäre, denn Eigentümer/-innen können nicht nur wie im nationalen Kulturgutschutz steuerliche Begünstigungen beantragen, sondern haben zusätzlich noch ein Anrecht auf staatliche Zuschüsse für Erhaltungsmaßnahmen. In der Konsequenz allerdings entzieht man mit dieser Eingrenzung den ebenso berechtigten Anliegen der Museen die Grundlage. An den Voraussetzungen dafür hat sich jedoch nichts geändert. Im Gegenteil, angesichts sinkender Ankaufsetats und explodierender Kunstmarktpreise besteht weiterhin ein nachvollziehbares Gemeinwohlinteresse an der Identifizierung von einzelnen Kunstwerken in privater Hand, die keine besondere territoriale oder personale Bindung aufweisen, aber für die öffentlichen Sammlungen wichtige Ergänzungen darstellen und über ein Ausfuhrverbot unter Umständen erworben werden könnten.

---

16 Siehe URL: https://www.bismarck-stiftung.de/ausstellungen/bismarck-museum-friedrichsruh/, letzter Zugriff am 19.03.2024.

17 Siehe den Beitrag von Nina Kathalin Kummer in diesem Band, S. 29.

18 Siehe den Beitrag von Nina Kathalin Kummer in diesem Band, S. 54.

Hilma af Klint, Die zehn Größten – Nr. 2: Kindheit, 1907, Öl, Tempera, Papier, 315 x 234 cm, Stiftelsen Hilma af Klints Verk, Stockholm

Das Problem lässt sich vielleicht anhand eines konstruierten Falls am besten verdeutlichen: Nehmen wir an, es befände sich seit noch nicht allzu langer Zeit ein abstraktes Gemälde von Hilma af Klint in einer Privatsammlung in Berlin. Die schwedische Künstlerin selbst hatte zu Beginn des 20. Jahrhunderts aus Enttäuschung über das mangelnde Verständnis für ihre ungegenständlichen Werke ein Ausstellungsverbot für die Zeitspanne von 20 Jahren nach ihrem Tod verhängt.[19] Daher befinden sich ihre abstrakten Bilder heute überwiegend im Besitz der von den Erben gegründeten Hilma-af-Klint-Stiftung in Stockholm. Im Jahr 2013 führte jedoch eine umfangreiche Retrospektive im Moderna Museet aus dem Bestand dieser Sammlung, die im Anschluss auch in Deutschland, Spanien und Dänemark

19 Julia Voss: *Hilma af Klint*, Frankfurt a. M. 2020, S. 401.

zu sehen war, zu einer fulminanten Wiederentdeckung der Künstlerin. Die Journalistin und Kunsthistorikerin Julia Voss schrieb nach ihrem Besuch der Ausstellung in Stockholm in der *Frankfurter Allgemeinen Zeitung*, dass die Kunstgeschichte umgeschrieben werden müsse, denn das erste abstrakte Gemälde stamme nicht von Wassily Kandinsky, sondern von einer Frau.[20] Bereits sechs Jahre später bescherte eine Hilma-af-Klint-Ausstellung dem New Yorker Guggenheim Museum Besucherrekorde.[21] Schon zuvor waren die Preise für die wenigen im Handel verfügbaren (vorwiegend nicht abstrakten) Werke der Künstlerin enorm angestiegen.

Es wäre also ein Coup, wenn zum Beispiel die Staatlichen Museen in Berlin ein abstraktes Gemälde der Künstlerin erwerben oder als Dauerleihgabe zeigen könnten. Kunsthistorisch stünde dessen Bedeutung außer Frage, aber die Sammlungsleitung müsste sich enorm anstrengen und im Grunde sachfremd argumentieren, wollte sie ein sich erst seit Kurzem in Berlin befindliches Werk in Privathand mithilfe des neuen Kulturgutschutzgesetzes im Land halten. Die Einschränkung der im allgemeinen Verständnis auf die Vergangenheit bezogenen Kategorie „kulturelles Erbe" schließt Gegenwartsentdeckungen dieser Art aus.[22] Unter der Verordnung von 1919 und dem Gesetz von 1955 wäre hingegen eine entsprechende Verzeichnung grundsätzlich noch möglich gewesen. Ein Beispiel dafür sind die von Nina Kathalin Kummer erwähnten Eintragungen der 44 Gemälde französischer, italienischer, spanischer und englischer Künstler des 18. Jahrhunderts, die Bayern in den Jahren zwischen 1965 und 1988 vorgenommen hat.[23] Allesamt waren sie erst kurz zuvor und in Abstimmung mit der Generaldirektion der Bayerischen Staatsgemäldesammlungen in München auf dem internationalen Kunstmarkt erworben und anschließend der Alten Pinakothek als Dauerleihgaben zur Verfügung gestellt worden – mit dem expliziten Ziel, dadurch Sammlungslücken zu schließen.[24] Ent-

---

20 Julia Voss: „Die Kunstgeschichte muss umgeschrieben werden", in: *Frankfurter Allgemeine Zeitung*, 24.02.2013, S. 28.

21 Siehe o. A.: „Hilma af Klint bricht Besucherrekord im Guggenheim", in: *Monopol. Magazin für Kunst und Leben*, 23.04.2019, URL: https://www.monopol-magazin.de/hilma-af-klint-bricht-besucherrekord-im-guggenheim, letzter Zugriff am 19.03.2024.

22 Für eine andere zukunftsoffenere Deutung des Begriffs „Erbe" im Kontext des Gesetzes, siehe Dieter Grimms Beitrag in diesem Band, S. 15.

23 Siehe den Beitrag von Nina Kathalin Kummer in diesem Band, S. 42.

24 Hermann Bauer/Wolf-Dieter Dube (Hg.): *Meisterwerke des 18. Jahrhunderts. Sammlung der Bayerischen Hypotheken- und Wechsel-Bank in der Alten Pinakothek*, München 1966.

sprechend konstatierten in der Vergangenheit auch die Verwaltungsgerichte in ihren Urteilen zu angefochtenen Eintragungen, dass nicht die Nationszugehörigkeit der Kunstschaffenden oder die territoriale beziehungsweise thematische Bindung des Objekts an Deutschland ausschlaggebend für die Anwendbarkeit des Gesetzes sei, auch nicht ein bereits existierendes öffentliches Interesse,[25] sondern allein der „wesentliche Verlust für den deutschen Kunstbesitz", der sich über die „künstlerische Eigenart", den „(kunst)historischen Rang", den „kulturellen Wert der Objekte" sowie die „Einzigartigkeit oder Seltenheit" und „Bedeutung für die kulturelle Entwicklung in Deutschland" herleite.[26]

Doch nicht nur durch den Begriff des kulturellen Erbes, sondern auch aufgrund des neu eingeführten Identitätskriteriums entstand eine Problematik, welche die Rechtswissenschaftlerin Sophie Schönberger bereits in ihrer Stellungnahme zum Gesetzentwurf von 2016 auf den Punkt gebracht hat:

> Soll es nicht allein um die abstrakte fachwissenschaftliche Bedeutung gehen, sondern die besondere identitätsstiftende Wirkung von Kulturgütern für das politische Gemeinwesen als Aspekt in den Schutz mit einbezogen werden, handelt es sich bei dieser Form des Kulturgüterschutzes um eine Form der ‚Identitätspolitik', die jedenfalls auch maßgeblich nach politischen Kriterien entschieden werden muss. [...] Eine umfassende abstrakte Definition, was im Rahmen der gesellschaftlichen Identitätskonstruktionen als wichtig angesehen wird und was nicht, kann [es] aber als solche nicht geben [...], da sie nicht objektivierbar ist, sondern maßgeblich ein politisches, dezisionistisches Element in sich trägt.[27]

Aus kunsthistorischer Perspektive ist darüber hinaus die Engführung zwischen dem Sachgehalt von Identität (Zugehörigkeit, Selbstbestimmung, Wer-sind-wir-Fragen) und der Werteebene des Höchstrangigen und Bedeutsamen problematisch.[28] Auch wer in den Kulturwissenschaften den Nutzen des Begriffs nicht komplett verwirft, wie zum Beispiel der Histo-

25 OVG Thüringen: Beschluss v. 22.11.2007 – 1 ZKO 1000/06, KUR 2008, S. 24.

26 VG Berlin: Urteil v. 22.01.2015 – VG 1 K 228.11, ZUM-RD 2015, S. 611.

27 Sophie Lenski (jetzt Schönberger): Stellungnahme im Bundestagsausschuss für Kultur und Medien, Ausschuss-Drucksache 18(22)121, 08.04.2016, URL: https://www.bundestag.de/resource/blob/418286/18856eb4972db9e772533a1fa68e5e2c/Lenski-data.pdf, letzter Zugriff am 19.03.2024.

28 Das Wortfeld um „stiften" mit seinen Konnotationen von mittelalterlicher Seelenheilsvorsorge bis zum modernen Mäzenatentum wäre eine eigene Betrachtung wert.

riker Lutz Niethammer,[29] wird ihn als kritische Größe beziehungsweise als Mittel der Problematisierung verwenden: Identität stellt sich typischerweise als etwas Zusammengesetztes, Voraussetzungsreiches und vor allem auch prekär Dynamisches dar. Entsprechend herausfordernd ist die im Gesetz fixierte Korrelation zwischen Bedeutsamkeit und Identitätsstiftung für die aufgrund ihrer Expertise in die Sachverständigenkommissionen Berufenen. Ihre Begründungen dürften sich in Bezug auf ganz konkrete Objekte mitunter schwierig gestalten. Im skizzierten hypothetischen Fall eines abstrakten Werkes von Hilma af Klint wäre sie geradezu unmöglich (oder vermutlich unfreiwillig komisch). Die moderne Kunst, so hält auch Aleida Assmann fest, bietet keine gute Grundlage für eine „Grammatik der [kulturellen] Identitäten".[30]

Man muss nicht so weit wie Homi K. Bhabha gehen und die Nation zur Fiktion erklären, zu einer narrativen Strategie, die aus einer marginalen Perspektive anders aussieht und in jedem Fall nie ein allgemeingültiges Gesamtbild hervorbringt.[31] Es reicht, wie schon Ernest Renan 1882 festgehalten hat, dass dem Nationsbegriff keine objektiven Kriterien zugrunde liegen. Sie, die Nation, sei, so Renan, eben keine Sprach- und Abstammungsgemeinschaft, keine Religionsgemeinschaft, kein fest umrissenes Territorium und auch kein Zollverein.[32] Sie ist, wie Dieter Langewiesche betont hat, nach innen „eine Ressourcengemeinschaft von Gleichen" und „offen in die Zukunft hinein".[33] Nach außen ist der Nationalstaat ein Resultat von Kriegen, die im Fall von Großbritannien und Frankreich bereits zu dynastischen Zeiten stattfanden. Entsprechend ist auch für Langewiesche die Frage nach der nationalen Identität falsch gestellt. „Die gesellschaftliche Konstruktion einer Nation", so schreibt er, „geschieht in ihren Selbstbildern, doch mit einem einheitlichen Selbstbild wird man zu keiner Zeit in keiner Nation rechnen dürfen",[34] schon gar nicht, wenn die Gründung des

---

29 Lutz Niethammer: *Kollektive Identität. Heimliche Quellen einer unheimlichen Konjunktur*, Reinbek b. Hamburg 2000.

30 Assmann 2020, S. 96. Die ästhetische Moderne folge, so schreibt Assmann, einem dynamischen Traditionsbegriff, „in dem jeder wirklichen künstlerischen Innovation die Kraft eines umfassenden Systemwandels innewohnt" (S. 95).

31 Homi K. Bhabha: „DissemiNation: Time, Narrative and the Margins of the Modern Nation", in: ders.: *The Location of Culture*, London 1994, S. 139–170.

32 Ernest Renan: *Was ist eine Nation? Und andere Schriften*, übers. v. Henning Ritter, Wien 1995, S. 7–38.

33 Dieter Langewiesche: *Reich, Nation, Föderation. Deutschland und Europa*, München 2008, S. 50–51.

34 Langewiesche 2008, S. 154.

Nationalstaats wie in Deutschland zur Bedingung hatte, dass die aus Fürstentümern und Reichsstädten hervorgegangenen Länder die Kulturhoheit behielten.

In jedem Fall aber darf man von den Listen national wertvoller Kulturgüter kein wie auch immer dynamisch generiertes Selbstbild erwarten,[35] denn dazu war die Verzeichnung, wie Nina Kathalin Kummer in diesem Band gezeigt hat, in der Vergangenheit zu situationsbedingt, zu abhängig von einzelnen durchsetzungsfähigen Interessen und länderübergreifend in der Praxis zu wenig einheitlich. Auch wäre es grundsätzlich ein Fehler, anzunehmen, dass die einzelnen in den Listen erfassten Werke aus sich selbst heraus die Kraft eines ohne Weiteres mit der deutschen Kultur assoziierten Zeichens haben.[36] Allerdings wäre es ebenso irrtümlich, wenn man aufgrund dessen zu dem Schluss käme, dass es hier „weniger um den Verlust von Kunstgut" geht „als um den Verlust von Vermögenswerten", wie der Kritiker Karl Scheffler bereits 1928 vermutet hat.[37] Derselbe Vorwurf tauchte auch im Zuge der Debatten um die Novellierung im Jahr 2016 wieder auf, als zum Beispiel der Rechtswissenschaftler Erik Jayme die Gleichsetzung von nationalem und wirtschaftlichem Wert im Gesetz konstatierte.[38] Allein die Tatsache, dass fast alle Länder der Welt mit prominenter Ausnahme der USA ein solches Gesetz in unterschiedlichen Ausgestaltungen erlassen haben, legt nahe, dass, solange es Nationalstaaten gibt, ein legitimes Gemeinwohlinteresse besteht, bestimmte Kulturgüter in privater Hand im

---

35 Eine entsprechende Erwartung formulierte zum Beispiel der Kunsthistoriker und damalige Stellvertretende Direktor der Vatikanischen Museen Arnold Nesselrath in seiner Stellungnahme im Bundestagsausschuss für Kultur und Medien (Ausschuss-Drucksache 18(22)131, 11.04.2016, URL: https://www.bundestag.de/resource/blob/418288/f4157a2da222cd048aa5c2f99745d8e0/Nesselrath-data.pdf, letzter Zugriff am 19.03.2024): „Die Listen mit den Objekten aus unterschiedlichen Zeiten dokumentieren allmählich ihrerseits die Geschichte der gesellschaftlichen Identität."

36 In diesem Sinn bestimmte Kulturstaatsministerin Monika Grütters in der abschließenden Bundestagsdebatte zum neuen Gesetz den Sinn und Zweck der Reform: „In den wenigen Fällen, in denen Kulturgüter wirklich emblematisch sind für unsere Geschichte und Identität, muss es meiner Meinung nach möglich sein, sie vor Abwanderung ins Ausland und auch vor Zerstörung zu schützen" (Deutscher Bundestag: Plenarprotokoll 18/179, 23.06.2016, S. 17644B, URL: https://dserver.bundestag.de/btp/18/18179.pdf, letzter Zugriff am 19.03.2024).

37 Karl Scheffler: „Falscher Kunstschutz", in: *Kunst und Künstler. Illustrierte Monatsschrift für bildende Kunst und Kunstgewerbe*, 26(1928), S. 232–233, hier S. 233.

38 Erik Jayme: „Nationale Kunst heute. Betrachtungen zum neuen Kulturgutschutzgesetz", in: Matthias Weller/Nicolai B. Kemle/Thomas Dreier (Hg.): *Kunst und Recht. Rückblick, Gegenwart, Zukunft* (Schriften zum Kunst- und Kulturrecht, Bd. 24), Baden-Baden 2017, S. 51–70.

Land zu halten, um damit zum Ausdruck zu bringen, dass man diese für die Öffentlichkeit zu einem vertretbaren Preis sichern möchte, sollten sie zum Verkauf gestellt werden.

Die Nation als dynamische Ressourcengemeinschaft im Sinn von Dieter Langewiesche umfasst grundsätzlich auch ideelle Ressourcen, deren materielles Substrat vom Staat unterhalten wird, wie zum Beispiel im Fall von Bibliotheken und Universitäten. Eine national-thematische Einengung wird in der Regel nicht vorgenommen, denn die Bereitstellung der Mittel dient der gemeinschaftlichen Nutzung und Vermehrung der Wissensbestände beziehungsweise des Kulturbesitzes. In diesem Sinn lässt sich ohne Probleme die von Theodor Schöllgen in diesem Band vorgeschlagene Trennung der kulturgutschützenden Zielsetzungen von Denkmalpflege und Museen begründen.[39] Die beweglichen Objekte von kultureller Bedeutung mit regionaler und personaler Bindung sind problemlos über die bereits bestehenden, aber in dieser Hinsicht zu vereinheitlichenden Landesdenkmalschutzgesetze zu erfassen, während die legitimen Sammlungsinteressen der Museen von unabhängigen Landessachverständigenkommissionen evaluiert werden können, sodass entsprechende Werke gegebenenfalls über ein eigenes nationales Gesetz für den deutschen Kulturbesitz im Land zu halten sind. Die umstrittenen Tatbestandsmerkmale „kulturelles Erbe" und „identitätsstiftend" könnten dann entfallen, denn es müsste, wie im Denkmalschutz, die historische, künstlerische oder wissenschaftliche Bedeutung nachgewiesen werden, nur dass im Fall der Museen das Interesse der Allgemeinheit mit Bezug auf die öffentlichen Sammlungen zu begründen wäre statt über die Ortsbindung der Objekte oder ihre inhaltliche oder personale Zuordnung zum Land.

Wenn man wie Langewiesche darüber hinaus die Ressourcengemeinschaft der Gleichen betont, spricht zudem gegen eine Identitätspolitik mit Listen des national Wertvollen, dass die Gefahr der Bevorzugung des Geschmacks von bestimmten Schichten oder Gruppen (zum Beispiel der Alteingesessenen), also einer Einschränkung der Gleichheit, besteht. Wenn aber die Begründung stattdessen getrennt wird und ohne identitätspolitische Erwägungen entweder über den Denkmalschutz oder die Museen erfolgt, entschärft sich das Problem, denn beide Institutionen sind dem Gemeinwohl verpflichtet, die Zugänglichkeit ist gewährleistet, der gewachsene Bestand wird kontinuierlich erweitert und auf der Grundlage der aktuellen Forschung präsentiert.

---

39 Siehe den Beitrag von Theodor Schöllgen in diesem Band, S. 83.

National wertvoll

Damit führt die Überlegung auf die Frage zurück, warum das neue Gesetz die berechtigten Interessen der Museen nicht nur in Bezug auf die Einschränkung der Eintragungsgegenstände, sondern auch auf anderen Ebenen zurückgedrängt hat. Nach dem Gesetz von 2016 ist es für Kulturgut bewahrende Einrichtungen nicht (mehr) möglich, einen Antrag auf Einleitung eines Eintragungsverfahrens für Leihgaben zu stellen.

Laut § 2 der *Ausfuhrbestimmungen zur Verordnung über die Ausfuhr von Kunstwerken* vom 11. Dezember 1919 bestellten die Regierungen der Länder von Amts wegen Sachverständige (in der Regel Staatsbeamte aus der Denkmalpflege oder den Museen), die für die Ermittlung und Prüfung von zur Verzeichnung infrage kommenden Gegenständen zuständig waren, und schlugen das Ergebnis daraufhin dem Reichsministerium des Inneren vor.[40] Das Gesetz von 1955 wiederum sah vor, dass die Eintragung in das Verzeichnis „auf Antrag oder von Amts wegen" zu erfolgen hatte, definierte aber den Kreis der Antragsberechtigten nicht.[41] Bestimmt wurde er durch die Rechtsverordnungen der Länder, die nur in Niedersachsen und Rheinland-Pfalz festlegten, dass der Antrag ausschließlich von Eigentümer/-innen eingereicht werden konnte. Andere bezogen auch Besitzende ein (und damit durchaus auch Museen mit Dauerleihgaben), und wieder andere, vor allem jene mit großen Sammlungen wie Baden-Württemberg, Bayern und Hessen, erließen gar keine entsprechenden Durchführungsverordnungen.[42] Im Prinzip war man in Fortführung der Praxis von 1919, in der die im Dienst des Staates stehenden Verantwortlichen in den Museen und der Denkmalpflege die zur Eintragung infrage kommenden Objekte ermittelten und vorschlugen, der Überzeugung, dass es einer förmlichen Antragsberechtigung der Kulturinstitutionen nicht bedürfe. Für „Dritte" bestand, so gab bereits Hamburg im Jahr 1957 zu Protokoll, die Möglichkeit, „durch

40 *Ausführungsbestimmungen zur Verordnung über die Ausfuhr von Kunstwerken*, 11.12.1919, RGBl. v. 11.12.1919, S. 1962.

41 § 3 Abs. 1 KultgSchG.

42 Der Bundesminister des Innern: Schreiben an die Kultusministerin der Länder mit einer synoptischen Darstellung der in den Ländern getroffenen Regelungen zum Antragsrecht nach § 3 Abs. 1 KultGSchG, 12.03.1981, überliefert in: StA Hamburg, 363-6_1047: Gesetz zum Schutz deutschen Kulturgutes gegen Abwanderung, 1954–1958.

Hinweise auf eine Eintragung von Amts wegen hinzuwirken".[43] Die Erwartung war also, dass sich Museumsleitungen in diesen Fällen rechtzeitig über den Dienstweg oder informell an die zuständigen Behörden wenden würden.

Unter der 1955 geschaffenen Rechtslage war es daher reguläre Praxis, dass vor allem Dauerleihgaben aufgrund von Eingaben aus den Ausstellungshäusern verzeichnet wurden, die bereits in den jeweiligen Sammlungen integriert und öffentlich zugänglich waren.[44] Im Vergleich jedoch zu diesem eingespielten, aber informellen Vorgehen in der alten Bundesrepublik stellte das Antragsrecht, das Brandenburg, Bremen und Sachsen-Anhalt nach der Wiedervereinigung für Museen, Bibliotheken und Archive einführte, Transparenz her. Es kam der Wahrnehmung entgegen, dass die öffentlichen Institutionen im Spiel der kulturpolitischen Akteure eigene Interessen verfolgen beziehungsweise in Treuhandschaft des öffentlichen Interesses eigene Entscheidungen und Dispositionen treffen. Insbesondere im Zuge der Diskussion um die Restitution von NS-verfolgungsbedingt entzogenem Kulturgut ist in der Öffentlichkeit die Frage aufgekommen, wie sicherzustellen ist, dass die Interessen der Museen und die Anliegen der Allgemeinheit nicht auseinandertreten. Die Sichtbarmachung des institutionellen Handelns in grundsätzlich transparenten Verfahren unter den Augen der Bürger/-innen ist ein Mittel, Vertrauen aufzubauen und zu bewahren.

Durch das Gesetz von 2016 ist den Museen nun aber das ihnen von einigen Bundesländern förmlich zuerkannte Recht auf Antragstellung ausdrücklich wieder entzogen worden. Ausweislich der regierungsamtlichen Auslegung sind „Kulturgut bewahrende Einrichtungen, also etwa Museen, denen eine Leihgabe überlassen wird, […] nicht antragsberechtigt".[45] In den Einzelerläuterungen zu § 14 heißt es gleichlautend, dass die Leitungen von Kultureinrichtungen nun „nicht mehr" antragsberechtigt sind, „wie früher in einzelnen Länderausführungsbestimmungen vorgesehen". Stattdessen privilegiert das neue Gesetz jetzt die Eigentümer/-innen. „Die Einleitung des Verfahrens auf Eintragung in ein Verzeichnis national wertvollen Kulturgutes", so heißt es neuerdings in § 14 Abs. 1 Nr. 1, „erfolgt von Amts wegen

43 Kulturbehörde Hamburg: Schreiben an den Hamburger Senat mit dem Entwurf einer Senatsdrucksache, 13.11.1957, überliefert in: StA Hamburg, 363-6_1047.

44 Siehe den Beitrag von Nina Kathalin Kummer in diesem Band, S. 34.

45 Die Beauftragte der Bundesregierung für Kultur und Medien: *Das neue Kulturgutschutzgesetz. Handreichung für die Praxis*, Frankfurt a. M. 2017, S. 20.

oder auf Antrag des Eigentümers". Den Anreiz dafür bietet die Möglichkeit der Aufwertung von eigenen Sammlungsstücken, vor allem aber auch die steuerliche Begünstigung, die nach wie vor für eingetragene Kulturgüter geltend gemacht werden kann. Das Einkommenssteuergesetz sieht vor, dass Herstellungs- und Erhaltungsmaßnahmen abgesetzt werden können, wenn das als national wertvoll eingestufte Kulturgut für die Öffentlichkeit zugänglich ist, und die Erbschaft- und Schenkungsteuer wird erlassen, wenn die jährlichen Erhaltungskosten die Einnahmen übersteigen und „der Gegenstand den Zwecken der Forschung oder Volksbildung nutzbar gemacht wird".[46] Die nicht geringe Anzahl von Eintragungen auf Initiative von Privatleuten zeigt, dass die in dieser Form vorgesehenen Begünstigungen durchaus attraktiv sind.

Die Museen jedoch bleiben auf die bewährte Methode der alten Bundesrepublik, die Hinwirkung auf die Prüfung einer Eintragung von Amts wegen, angewiesen. Allerdings hat sich das kulturpolitische Klima in einer Weise gewandelt, der das zwischenzeitliche Antragsrecht der Institutionen in Brandenburg, Bremen und Sachsen-Anhalt Rechnung getragen hatte, denn vom Vertrauensverlust der staatlichen Bürokratie ist auch die Kulturverwaltung betroffen. Wo die Verwaltung früher erwarten durfte, dass das von Amts wegen Angeordnete mehr oder weniger ohne Diskussion hingenommen wurde, werden amtliche Verfügungen heutzutage als Resultate von Aushandlungsprozessen verstanden. Im Kulturbereich scheint schon die Sache, um die es geht, die Umstellung der Verfahren beziehungsweise der Kommunikation nahezulegen. Es liegt beispielsweise nicht auf der Hand, dass die neue Regelung auch den Zweck des Gesetzes, nämlich den Schutz von Kulturgut vor Abwanderung ins Ausland, besser erfüllt als eine Eintragung, die auf Antrag einer öffentlichen Institution vorgenommen wird. Im Gegenteil, sie verringert die Bedeutung des Gemeinwohls, in dessen Dienst das Gesetz steht, denn in Museen sind Leihgaben öffentlich und jenseits der für Privatpersonen regelmäßig nur beschränkt möglichen Nutzbarmachung zu Forschungs- und Bildungszwecken zugänglich. Darüber hinaus werden sie hier auf staatliche Kosten professionell erhalten und gegen Diebstahl geschützt.

46 Die Beauftragte der Bundesregierung für Kultur und Medien 2017, S. 377.

Dass das Gesetz, wie Maria Obenaus gezeigt hat,[47] von Museumsdirektoren zur Zeit des NS-Regimes eklatant missbraucht wurde und zum Teil die gleichen Personen, wie Nina Kathalin Kummer in diesem Band dargelegt hat, noch nach dem Krieg (und gelegentlich darüber hinaus) mit Unverständnis für das von ihnen mitverantwortete Unrecht gehandelt haben,[48] erlaubt nicht den Schluss, dass Museumsleitungen grundsätzlich kein legitimes Interesse verfolgen, wenn sie sich um die Eintragung einzelner Werke in das Verzeichnis bemühen. Mehr noch, die Privilegierung der Eigentümer/-innen schafft neue Interessenkonflikte, wo alte gerade beigelegt sind. Für staatliche Institutionen verbietet sich nämlich nicht erst seit der Novellierung des Gesetzes von 2016, dass verzeichnet wird, was unter den Umständen einer zwangsbedingten Veräußerung zwischen 1933 und 1945 erworben wurde. Während öffentliche Museen spätestens seit 2001 angewiesen sind, den Vorgaben der Washingtoner Prinzipien zur Auffindung und Rückgabe von NS-verfolgungsbedingt entzogenem Kulturgut zu entsprechen, gibt es dazu für Privatsammlungen und private Museen weiterhin keine Verpflichtung.

Ein anschauliches Beispiel für die Folgen dieses Sachverhalts liefert der Vergleich von Werken Caspar David Friedrichs in öffentlicher und privater Hand. Die Stiftung Preußischer Kulturbesitz hatte schon 1999 auf der Grundlage der ein Jahr zuvor verabschiedeten Washingtoner Erklärung Friedrichs großformatiges Gemälde *Der Watzmann* (1824/25) an die Erben des ehemaligen Eigentümers restituiert, der 1937 verfolgungsbedingt an den Direktor der Berliner Nationalgalerie verkaufen musste. Dennoch blieb das Werk der Sammlung erhalten. Im März 2004 konnte die Stiftung bekannt geben, dass die DekaBank durch die Vermittlung der Kulturstiftung der Länder das Bild erworben und als Dauerleihgabe den Staatlichen Museen zu Berlin zur Verfügung gestellt hatte.[49]

---

47 Maria Obenaus: *Für die Nation gesichert? Das „Verzeichnis der national wertvollen Kunstwerke". Entstehung, Etablierung und Instrumentalisierung 1919–1945*, Berlin 2016, S. 283–315.

48 Siehe dazu den Beitrag von Nina Kathalin Kummer in diesem Band, S. 46–49.

49 Siehe die Stellungnahme der Stiftung Preußischer Kulturbesitz, URL: https://www.preussischer-kulturbesitz.de/fileadmin/user_upload_SPK/documents/mediathek/schwerpunkte/provenienz_eigentum/rp/Restitution_C_D_Friedrichs_Watzmann_2004.pdf, letzter Zugriff am 19.03.2024.

Caspar David Friedrich, Der Watzmann, 1824/25, Öl auf Leinwand, 135 x 170 cm, Staatliche Museen zu Berlin, Nationalgalerie, Leihgabe der DekaBank

Über der privaten Sammlung-Dr.-Georg-Schäfer-Stiftung hängen hingegen in dieser Hinsicht seit geraumer Zeit Fragezeichen.[50] Der 1975 verstorbene Unternehmer und Namensgeber der Stiftung, dessen Sammlung mehrere Tausend Kunstwerke überwiegend deutscher Herkunft umfasst, hatte der Stadt Schweinfurt seit den 1950er Jahren ein Privatmuseum in Aussicht gestellt.[51] Eröffnet werden konnte es allerdings erst im Jahr 2000, nachdem

50 Sonja Zekri: „Was für eine Gelegenheit!", in: *Süddeutsche Zeitung*, 20.01.2007, S. 15. Siehe auch die „Stellungnahme des Arbeitskreises Provenienzforschung e.V. zur aktuellen Berichterstattung zur Provenienzforschung am Museum Georg Schäfer" vom 28.01.2020, URL: https://www.arbeitskreis-provenienzforschung.org/stellungnahme-zur-aktuellen-berichterstattung-zur-provenienzforschung-am-museum-georg-schaefer/, letzter Zugriff am 19.03.2024.

51 Fritz Schäfer: „Zur Entstehung des Museums Georg Schäfer", in: Bruno Bushart/Matthias Eberle/Jens Christian Jensen (Hg.): *Das Museum Schäfer Schweinfurt*, Schweinfurt 2000, S. 7–16, hier S. 10.

der Freistaat Bayern die Finanzierung des Baus und die Stadt den Großteil der laufenden Kosten übernommen hatten. Im Besitz der heutigen Stiftung befinden sich jedoch, so zeigen die Provenienzen im Bestandskatalog des Museums,[52] nicht wenige Werke, die in den 1930er und frühen 1940er Jahren im Handel vertrieben und nach dem Krieg vom größten und einflussreichsten Münchner Galeristen der NS-Zeit Adolf Weinmüller an Georg Schäfer weiterverkauft wurden,[53] darunter sehr wahrscheinlich auch die im Verzeichnis national wertvoller Kulturgüter geführten Gemälde von Caspar David Friedrich *Vision der christlichen Kirche* (um 1812) und *Abend an der Ostsee* (1826).[54] Ihre Aufnahme zusammen mit drei weiteren Bildern von Friedrich sowie 35 anderen Werken aus der Sammlung erfolgte, wie ein Schreiben des Bayerischen Staatsministeriums für Unterricht und Kultus vom 26. Juli 1993 zeigt, „aufgrund der ungünstigen finanziellen Lage der Firma Kugelfischer", des Unternehmens der Familie Schäfer, deren Sammlung im Zuge der Krise gepfändet werden musste. Man befürchtete, dass der Bestand „ganz oder teilweise ins Ausland veräußert" werden könnte.[55]

Zu sehen ist hier aber auch, wie skrupulös die Sachverständigenkommission in Bayern auf der Grundlage einer von den Bayerischen Staatsgemäldesammlungen erstellten, wesentlich umfangreicheren Liste gearbeitet hat, denn von den damals mindestens elf Gemälden Caspar David Friedrichs im Besitz der Erben Schäfers wurden schließlich nur solche Werke verzeichnet, die nicht bereits in Varianten in öffentlichen Sammlungen vertreten waren. Nicht aufgenommen wurden zum Beispiel zwei *Mondnacht*-Bilder (1816/18) oder das *Kreuz auf Rügen* (nach 1815), das in einer sehr ähnlichen Version auch in der Sammlung der Staatlichen Schlösser und Gärten in Berlin vorhanden ist. Auch vermied man, so scheint es, Werke zu verzeichnen, deren Zuschreibung umstritten war.[56] Über mögliche Rückga-

52 Bruno Bushart/Matthias Eberle/Jens Christian Jensen (Hg.): *Das Museum Schäfer Schweinfurt*, Schweinfurt 2000.

53 Meike Hopp: *Kunsthandel im Nationalsozialismus. Adolf Weinmüller in München und Wien*, Köln 2012.

54 Bushart/Eberle/Jensen (Hg.) 2000, S. 78–86.

55 Bayerisches Staatsministerium für Unterricht und Kultus: Entwurf eines Schreibens an die Generaldirektion der Bayerischen Staatsgemäldesammlungen, 26.07.1993, überliefert in: Bayerisches Staatsministerium für Unterricht und Kultus, K 1008/3/2: Schutz von Kulturgut, Verzeichnis national wertvoller Kunstwerke gegen Abwanderung, Bd. 12, 1994–1995.

56 So das Gemälde *Kreuz auf Rügen* (nach 1815) und *Der Abend* (vor 1820/21) (Bushart/Eberle/Jensen (Hg.) 2000, S. 80, 83), aber auch *Friedhofstor* (um 1827), das, darauf wies der Sohn des Sammlers im Rahmen des Eintragungsverfahrens hin,

beansprüche machte man sich zu diesem Zeitpunkt jedoch noch keine Gedanken. Gleichwohl sind bei kaum einer anderen Sammlung seitdem so viele Rückgabeforderungen eingegangen wie bei der Sammlung-Dr.-Georg-Schäfer-Stiftung.[57]

Es gibt allerdings bisher auch nur einen Restitutionsfall. Die Vertretung stellte sich lange auf den Standpunkt und tut es im Grunde bis heute, dass die Ansprüche der Erbengemeinschaften verjährt seien.[58] Privatsammlungen, so hieß es vonseiten der Stiftung, lägen nicht „im Anwendungsbereich des Washingtoner Abkommens".[59] Im Fall der Nachkommen des Künstlers Max Liebermann, die sich über mehr als ein Jahrzehnt bemühten, drei Werke aus der Sammlung zurückzuerhalten, war jedoch die Beweislage vor allem hinsichtlich eines der Bilder außergewöhnlich eindeutig: Für das großformatige Porträt der Ehefrau des Malers von 1930 sind sowohl die unrechtmäßige Aneignung durch die Gestapo im Jahr 1943 belegt als auch die Tatsache, dass die Nachkommen den Verlust des Gemäldes bereits kurz nach dem Krieg angezeigt hatten. Erst nachdem diese Restitutionsforderung erhebliches öffentliches Aufsehen erregt hatte und dem Museum ein Reputationsschaden drohte,[60] kam es im Jahr 2021 zu einer einmaligen Einigung zwischen der Stiftung und den Nachkommen: Die Werke verblieben, so gab man bekannt, „gegen eine Zahlung an den Nachlass" in der Sammlung.[61]

In der Bundesrepublik Deutschland gibt es fast 80 Jahre nach Ende des Nationalsozialismus immer noch kein Gesetz, das Privatsammlungen zur eigenständigen Nachforschung und Restitution von verfolgungsbedingt

---

mittlerweile einem Schüler des Künstlers zugeschrieben worden war (Sammlung Georg Schäfer: Schreiben an Bayerisches Staatsministerium für Unterricht und Kultus, 11.08.1994, überliefert in: Bayerisches Staatsministerium für Unterricht und Kultus, K 1008/3/2).

57 Gabi Czöppan/Nele Husmann: „Neuer Kampf um große Bilder", in: *Focus*, 19.04.2014, S. 112–114, hier S. 113.

58 Siehe Nachlass Max und Martha Liebermann und Sammlung-Dr.-Georg-Schäfer-Stiftung: „Gemeinsame Erklärung für Öffentlichkeit und Presse", August 2021, S. 3, URL: https://www.museumgeorgschaefer.de/fileServer/MGS/1093/16950/Gemeinsame_Erkl_rung_30.08.2021.pdf, letzter Zugriff am 19.03.2024.

59 Czöppan/Husmann 2014, S. 114.

60 Siehe u. a. Julia Voss: „Keine Raubkunst? Schweinfurter Museum Schäfer in Erklärungsnot", in: *Frankfurter Allgemeine Zeitung*, 09.09.2015, S. 9; Catherine Hickley: „She Tracked Nazi-Looted Art. She Quit When No One Returned It", in: *New York Times*, 18.03.2020, S. C1.

61 Nachlass Max und Martha Liebermann und Sammlung-Dr.-Georg-Schäfer-Stiftung 2021, S. 4.

enteigneten oder veräußerten Kulturgütern verpflichtet. Das Kulturgutschutzgesetz von 2016 schreibt mit § 42 Abs. 1 Nr. 3 und Abs. 3 Nr. 3 lediglich dem Kunsthandel vor, „die Provenienz des Kulturgutes zu prüfen", das er „in Verkehr bringt", wenn dessen Wert 2.500 Euro übersteigt. Diese „Sorgfaltspflicht" steht zwar unter dem Vorbehalt der wirtschaftlichen Zumutbarkeit des Prüfungsaufwands, aber bei Gegenständen, in deren Geschichte ein NS-verfolgungsbedingter Entzug zu vermuten ist, entfällt diese Einschränkung ebenso wie die Wertuntergrenze. In diesen Fällen gilt nach § 44 Abs. 1 Nr. 1 eine „erhöhte Sorgfaltspflicht". Für alle möglicherweise mit NS-Raubkunstverdacht behafteten Gegenstände wird damit eine vorsorgliche Prüfung in dem Moment notwendig, in dem der Gegenstand zum Verkauf gestellt wird und der ungerechterweise durch Raub erzeugte oder vermehrte Wert realisiert werden könnte.

Dass für Verkäufe unter Privatpersonen nicht dieselbe Prüfungspflicht vorgeschrieben worden ist, wird man sich mit der pragmatischen Vermutung erklären müssen, dass Veräußerungen von wertvollen Objekten in der Regel über den Kunsthandel abgewickelt werden. Für das Inverkehrbringen von Gegenständen ungeklärter Provenienz entstehen jedoch zusätzliche Kosten, die der Handel sich im Zweifel von den Einliefernden zurückholt, jedenfalls dort, wo die potenzielle Kundschaft auf ein Alternativangebot unbelasteter Provenienz ausweichen kann. Gleichwohl ist die vom Gesetz vorgeschriebene Prüfung nicht mit Provenienzforschung im wissenschaftlich erwünschten oder sogar gebotenen Sinn zu verwechseln. Der Kunsthandel wird lediglich dazu verpflichtet, die Provenienz „nicht festzustellen, sondern zu prüfen". Diese Pflicht „dient", wie die auf 30 Jahre verlängerte Aufbewahrungspflicht der Unterlagen, „der Provenienzforschung", ersetzt sie aber nicht.[62] Wie weit die Pflicht tatsächlich reicht, muss im Streitfall die Rechtsprechung bestimmen, mit Rücksicht auf „Faktoren wie Einfachheit des Informationszugangs, Erfolgswahrscheinlichkeit, Validität der potentiell zu gewinnenden Erkenntnisse oder die voraussichtliche Dauer weiterer Ermittlungen".[63]

Während sich die Ungleichbehandlung von Kunsthandel und Privatpersonen unter praktischen Gesichtspunkten rechtfertigen lässt, zeigt sich je-

---

62 Haimo Schack: „Zivilrechtliche Auswirkungen des KGSG. Importverbote und Transparenzpflicht", in: Matthias Weller/Nicolai B. Kemle/Thomas Dreier (Hg.): *Handel, Provenienz, Restitution* (Schriften zum Kunst- und Kulturrecht, Bd. 31), Baden-Baden 2020, S. 73–88, hier S. 84.

63 BverfG: Beschl. d. Zweiten Kammer des Ersten Senats v. 28.06.2021 – 1 BvR 1727/17, NJW 2021, S. 2877.

doch bei der Eintragung in das Verzeichnis national wertvollen Kulturgutes eine Konsequenz der gesetzlichen Vorschrift, die man gemessen an dem Gesetzeszweck als Regelungslücke bezeichnen kann. Solange Kulturgut nicht in Verkehr gebracht wird, entsteht keine Pflicht zur Provenienzprüfung, denn der Antrag auf Eintragung, den das neue Gesetz ausdrücklich Privatpersonen ermöglicht, ist kein Inverkehrbringen. Im Blick auf einen möglichen späteren Verkauf wird jedoch ein erfolgreicher Antrag in der Regel eine Wertsteigerung bewirken. Es kann also wirtschaftlich attraktiv sein, das aus der Eintragung folgende Ausfuhrverbot für bestimmte Sammlungsstücke in Kauf zu nehmen, wenn diese dafür später auf dem inländischen Markt mit dem Gütesiegel „national wertvoll" angeboten werden können. Falls das von der zuständigen Sachverständigenkommission entsprechend deklarierte Kulturgut dann tatsächlich über den Kunsthandel auf den Markt gebracht wird und die in diesem Fall vorgeschriebene Provenienzprüfung einen Raubkunstfall ans Licht bringen sollte, wird in der öffentlichen Wahrnehmung ein Schatten auf die Kommission beziehungsweise sogar auf das gesamte System der amtlichen Zuweisung eines besonderen nationalen Wertes fallen. Wenn die Restitution geboten ist, kann das Ausfuhrverbot nicht mehr aufrechterhalten werden und die Eintragung muss nach § 13 Abs. 2 KGSG gelöscht werden.

Um solche Fälle von vornherein zu vermeiden, erscheint es geboten, die Anträge von Privatpersonen mit einer Provenienzprüfungspflicht zu versehen, entweder durch Ergänzung des Gesetzes oder durch entsprechende Ausgestaltung der Verwaltungsdirektiven. So wie der Staat für Gebäude in Privateigentum zum Beispiel Brandschutzmaßnahmen vorschreibt, so kann er auch die Provenienzforschung für Kunstwerke anordnen, ohne für die Kosten selbst aufkommen zu müssen. Es geht hier nicht um eine staatliche Auflage, für die Privatpersonen zu entschädigen wären, sondern um die Klärung von Eigenschaften eines Gegenstands, an dem Eigentum besteht.

Kurzum, im Licht der Ergebnisse des Forschungsprojekts ist abzusehen, dass sich die im Gesetzgebungsverfahren von 2016 hier und da artikulierte Hoffnung nicht erfüllen wird, durch die Einschränkung der zur Eintragung infrage kommenden Kulturgüter auf der Grundlage von § 7 Abs. 1 („kulturelles Erbe" und „identitätsstiftend für die Kultur Deutschlands") die Evidenz der Verzeichnung im Sinne eines nationalen Kanons zu erhöhen. Anders ausgedrückt, man wird auch weiterhin nicht einfach die Listen der Länder studieren können, wenn man etwas über die Deutschen und ihre

Kunst lernen möchte, sondern in diesem Fall wohl eher zum gleichnamigen Essay des Kunsthistorikers Hans Belting greifen.[64]

Dafür zeichnet sich jedoch die Brisanz eines anderen notwendigen Faktors des Prädikats „national wertvoll" ab. Nicht erst die aktuellen Pläne eines Systemwechsels bei der Umsetzung der Washingtoner Prinzipien in Deutschland - Stichwort Limbach-Kommission - machen es offensichtlich: Es ist schlechthin unvorstellbar, dass der deutsche Staat Kunstwerke als nationales Eigentum in Beschlag nimmt oder auch nur als nationalen Kulturbesitz mit Handelsbeschränkungen belegt, deren Eigentum eigentlich Opfern der NS-Diktatur oder ihren Nachkommen zusteht. Nicht nur Klugheit spricht dafür, Eintragungen in das Verzeichnis national wertvollen Kulturgutes an Bemühungen um die Aufklärung der Eigentumsgeschichte des jeweiligen Gegenstands zu binden, sondern auch der Umstand, dass bei Unterlassung das ganze Verfahren auf dem Spiel stehen könnte. Falls nämlich diese Vorkehrung nicht getroffen wird, droht der, wie dieser Band gezeigt hat, alles andere als selbstverständliche Begriff des national Wertvollen im schlimmsten Fall sogar als Chiffre für gewaltsame kollektive Bereicherung verächtlich zu werden.

Ob das Gesetz geändert oder im Licht des dringlichen Interesses an fairen und gerechten Lösungen für die Opfer der staatlichen Kunstraubkampagnen ausgelegt wird: Wenn ein Werk im Interesse des Gemeinwohls in das Verzeichnis aufgenommen werden soll, so obliegt den Sachverständigenkommissionen selbstverständlich an dieser Stelle eine besondere Sorgfaltspflicht bei der Evaluierung. Eine komplette Durchsicht der vorliegenden Listen auf unentdeckte Provenienzprobleme würde darüber hinaus jedoch erhebliche finanzielle und zeitliche Ressourcen binden. Nähme aber der Staat diese Aufgabe ernsthaft in Angriff, so würde er ein Zeichen setzen, denn mit Blick auf bestimmte Konstellationen, für die hier das Museum Schäfer in Schweinfurt als Beispiel stand, ist ohnehin nicht auszuschließen, dass in Zukunft noch die eine oder andere Löschung nach § 13 Abs. 2 KGSG vorgenommen werden muss.

64 Hans Belting: *Die Deutschen und ihre Kunst. Ein schwieriges Erbe*, München 1992.

Quellen- und Literaturverzeichnis

Primärquellen

Archivbestände

Bundesarchiv (BArch)

Bestand B 106 Bundesministerium des Inneren

- B 106/134: Gesetz zum Schutz deutschen Kulturgutes gegen Abwanderung vom 6. Aug. 1955, Entwürfe, Bd. 3, 1953–1960
- B 106/142: Gesetz zum Schutz deutschen Kulturgutes gegen Abwanderung vom 6. Aug. 1955, Entwürfe, Bd. 1, 1950–1952

Bestand R 43-I Reichskanzlei

- R 43-I/818: Museen, Kunstsammlungen, Kunstwerke, Bd. 1, 1919–1925

Bayerisches Hauptstaatsarchiv München (BayHStA München)

Bestand MK Ministerium für Unterricht und Kultus

- MK 51497: Gesetz zum Schutz von Kulturgut gegen Abwanderung: Verzeichnis national wertvoller Kunstwerke, 1948–1959

Staatsarchiv Hamburg (StA Hamburg)

Bestand 363-6 Kulturbehörde

- 363-6_19: Gesetz zum Schutz deutschen Kulturgutes gegen Abwanderung, 1976–1983
- 363-6_1047: Gesetz zum Schutz deutschen Kulturgutes gegen Abwanderung, 1954–1958

Hessisches Hauptstaatsarchiv Wiesbaden (HHStA Wiesbaden)

Bestand 502 Ministerpräsident Staatskanzlei

- Best. 502 Nr. 9383: Planung und Durchführung überregionaler Kulturprojekte, Bd. 6, 1981–1982
- Best. 502 Nr. 9385: Planung und Durchführung überregionaler Kulturprojekte, Bd. 8, 1984

Bestand 504 Kultusministerium

- Best. 504 Nr. 146: Erteilung von Exportgenehmigungen für Kunstgegenstände, 1947–1952
- Best. 504 Nr. 2531: Schutz deutschen Kulturguts gegen Abwanderung aus dem Gebiet der Bundesrepublik Deutschland, Bd. 1, 1947–1950

Niedersächsisches Landesarchiv Abteilung Hannover (NLA Hannover)

Bestand Nds. 401 Ministerium für Wissenschaft und Kultur

- Nds. 401 Acc. 112/83 Nr. 321: Schutz des deutschen Kulturguts, Liste der national wertvollen Kunstwerke, 1959–1961
- Nds. 401 Acc. 112/83 Nr. 322: Schutz des deutschen Kulturgutes, Liste der national wertvollen Kunstwerke, 1962–1971
- Nds. 401 Acc. 112/83 Nr. 467: Erwerb des Botticelli-Gemäldes „Madonna mit singenden Engeln" von dem Grafen Sigismund Raczynski durch Bund und Länder, um eine Ausfuhr aus Deutschland zu verhindern, 1953–1955
- Nds. 401 Acc. 2000/155 Nr. 150: Schutz deutschen Kunstbesitzes, Verschiedenes, 1948–1972

Bestand Nds. 120 Hannover Bezirksregierung Hannover

- Nds. 102 Hannover Acc. 2009/092 Nr. 26: Gesamtverzeichnis national wertvollen Kulturgutes, 1980–1984

Hauptstaatsarchiv Stuttgart (HStA Stuttgart)

Bestand EA 1/0 Staatsministerium, Frühere Zuständigkeiten, aufgehobene Abteilungen, Kommissionen

- EA 1/014 Bü. 636: Beratungen zur Neufassung des Gesetzes über die Ausfuhr national wertvoller Kunstwerke sowie Tätigkeiten einer Kommission der Kunstreferenten, 1947–1948

Bestand EA 3/2 Kultusministerium, Abteilung Kunst

- EA 3/203 Bü. 126: Schutz wertvoller Kulturgüter vor Abwanderung ins Ausland, 1955–1957

Bestand EA 13/4, Kunst, Museen, Archive und Bibliotheken

- EA 13/404 Bü. 1079: Gesetz zum Schutz deutschen Kulturguts gegen Abwanderung, Grundsätzliches, 1994–1995
- EA 13/404 Bü. 1080: Gesetz zum Schutz deutschen Kulturguts gegen Abwanderung, Grundsätzliches, 1995–1996

Ministerialbestände

Bayerisches Staatsministerium für Unterricht und Kultus

- K 1008/3/2: Schutz von Kulturgut, Verzeichnis national wertvoller Kunstwerke gegen Abwanderung

Hessisches Ministerium für Wissenschaft und Kunst

- 753/21.000: Gesetz zum Schutz deutschen Kulturgutes gegen Abwanderung, Allgemeines, 2008–2016
- SA 0001: National wertvolles Kulturgut. SV-Ausschuss des Landes Hessen (Munch), 2003–2006

Ministerium für Bildung, Wissenschaft und Kultur des Landes Schleswig-Holstein

- Akten zur Eintragung in das Verzeichnis national wertvollen Kulturgute gemäß § 14 KGSG

Senatsverwaltung für Kultur und Europa Berlin

- Eintragung in das Verzeichnis national wertvollen Kulturgutes, 2004–2005, Eintragung 1/2004
- Eintragung in das Verzeichnis national wertvollen Kulturgutes, 2012–2013, Eintragung 3/2013

Verzeichnisse national wertvollen Kulturgutes

Bundesministerium des Inneren (Hg.): „Gesamtverzeichnis national wertvollen Kulturgutes", Stand: 01.03.1961, überliefert in: NLA HA, Nds. 401 Acc. 112/83 Nr. 321: Schutz des deutschen Kulturgutes, Liste der national wertvollen Kunstwerke, 1959–1961.

Bundesministerium des Inneren (Hg.): „Gesamtverzeichnis national wertvollen Kulturgutes", Stand: 10.7.1980, in: *Beilage Bundesanzeiger*, Nr. 135a, 25.07.1980, S. 4–23.

Bundesministerium des Inneren (Hg.): „Gesamtverzeichnis national wertvollen Kulturgutes", Stand: 16.01.1983 in: *Beilage Bundesanzeiger*, Nr. 31a, 14.02.1983, S. 5–28.

Bundesministerium des Inneren (Hg.): „Gesamtverzeichnis national wertvollen Kulturgutes", Stand: 01.09.1986, in: *Beilage Bundesanzeiger*, Nr. 192a, 15.10.1986, S. 5–29.

Bundesministerium des Inneren (Hg.): „Gesamtverzeichnis national wertvollen Kulturgutes", Stand: 21.10.1988, in: *Beilage Bundesanzeiger*, Nr. 212a, 11.11.1988, S. 5–31.

Bundesministerium des Inneren (Hg.): „Gesamtverzeichnis national wertvollen Kulturgutes", Stand: 30.11.1992, in: *Beilage Bundesanzeiger*, Nr. 243b, 29.12.1992, S. 5–33.

Bundesministerium des Inneren (Hg.): „Gesamtverzeichnis national wertvollen Kulturgutes", Stand: 18.12.1995, in: *Beilage Bundesanzeiger*, Nr. 19a, 27.01.1996, S. 5–45.

Bundesministerium des Inneren (Hg.): „Gesamtverzeichnis national wertvollen Kulturgutes", Stand: 19.04.1999, in: *Beilage Bundesanzeiger*, Nr. 97a, 28.05.1999, S. 5–58.

Bundesministerium des Inneren (Hg.): „Gesamtverzeichnis national wertvollen Kulturgutes", Stand: 19.11.2008, in: *Beilage Bundesanzeiger*, Nr. 196a, 24.12.2008, S. 5–89.

Die Beauftragte der Bundesregierung für Kultur und Medien (Hg.): „Datenbank geschützter Kulturgüter", URL: https://www.kulturgutschutz-deutschland.de/DE/3_Datenbank/dbgeschuetzterkulturgueter_node.html, letzter Zugriff am 21.02.2024.

Gesetze und Verordnungen

Ausführungsbestimmungen zur Verordnung über die Ausfuhr von Kunstwerken, 11.12.1919, RGBI. v. 11.12.1919, S. 1962.

EG-Verordnung Nr. 116/2009, 18.12.2008, ABI. L 39 v. 10.02.2009, S. 1.

Gesetz Nr. 59 zur Rückerstattung feststellbarer Vermögensgegenstände (MRG Nr. 59), 10.11.1947, ABlMR AmZ G v. 10.11.1947, S. 1.

Gesetz zum Schutz deutschen Kulturgutes gegen Abwanderung (KultgSchG), 06.08.1955, BGBI. I v. 09.08.1955, S. 501.

Gesetz zum Schutz von Denkmalen in Berlin (Denkmalschutzgesetz Berlin – DSchG Bln), 24.04.1995, GVBl. v. 06.05.1995, S. 274.

Gesetz zum Schutz von Kulturgut (Kulturgutschutzgesetz – KGSG), 31.07.2016, BGBl. I v. 05.08.2016, S. 1914.

Hessisches Denkmalschutzgesetz (HDSchG), 28.11.2016, GVBl. v. 05.12.2016, S. 211.

Richtlinie 93/7/EWG, 15.03.1993, ABl. L 74 v. 27.03.1993, S. 74.

Richtlinie 2014/60/EU, 28.05.2014, ABl. L 159 v. 28.05.2014, S. 1.

UNESCO-Übereinkommen über Maßnahmen zum Verbot und zur Verhütung der unzulässigen Einfuhr, Ausfuhr und Übereignung von Kulturgut, 14.11.1970, https://www.unesco.de/sites/default/files/2018-03/1970_Maßnahmen_zum_Verbot_und_zur_Verhütung_der_unzulässigen_Einfuhr_Ausfuhr_Übereignung_von_Kulturgut_0.pdf, letzter Zugriff am 12.06.2024.

Verordnung über die Ausfuhr von Kunstwerken (AusfVO), 11.12.1919, RGBl. v. 11.12.1919, S. 1961.

Amtliche Erläuterungen und Empfehlungen

Die Beauftragte der Bundesregierung für Kultur und Medien (Hg.): *Das neue Kulturgutschutzgesetz. Handreichung für die Praxis*, Frankfurt a. M. 2017.

Ständige Konferenz der Kultusminister der Länder: „Beschluss über die Ausdehnung des Gesamtverzeichnisses im Gesetz zum Schutz deutschen Kulturguts gegen Abwanderung vom 6.8.1955", 03.12.1976, in: *Sammlung der Beschlüsse der Ständigen Konferenz der Kulturminister der Länder in der Bundesrepublik Deutschland*, Nr. 2005.

Ständige Konferenz der Kultusminister der Länder: „Kriterienkatalog zum Vollzug des Gesetzes gegen Abwanderung vom 6.8.1955“, 20.05.1983, in: *Sammlung der Beschlüsse der Ständigen Konferenz der Kulturminister der Länder in der Bundesrepublik Deutschland*, Nr. 2005.I.

Ständige Konferenz der Kultusminister der Länder: „Empfehlung der Kultusministerkonferenz zur Eintragung von Kulturgütern in das Verzeichnis national wertvollen Kulturguts“, 22.04.2004, URL: https://www.kmk.org/dokumentation-statistik/beschluesse-undveroeffentlichungen/kunst-kultur.html#c2570, letzter Zugriff am 07.02.2018.

Ständige Konferenz der Kultusminister der Länder: „Empfehlung der Kultusministerkonferenz für Eintragungen in das Verzeichnis national wertvollen Kulturgutes und das Verzeichnis national wertvoller Archive nach dem Gesetz zum Schutz deutschen Kulturgutes gegen Abwanderung“, 29.04.2010, URL: https://www.kmk.org/dokumentation-statistik/beschluesse-undveroeffentlichungen/kunst-kultur.html#c2570, letzter Zugriff am 07.02.2018.

Urteile

BVerfG: Beschl. d. Zweiten Senats v. 22.06.1995 – 2 BvL 37/91, BVerfGE 93, S. 165.

BVerfG: Beschl. d. Zweiten Kammer des Ersten Senats v. 28.06.2021 – 1 BvR 1727/17, NJW 2021, S. 2877.

BVerwG: Urteil v. 27.05.1993 – 7 C 33.92, BVerwGE 92, S. 288 / NJW 1993, S. 3280.

OVG Thüringen: Beschluss v. 22.11.2007 – 1 ZKO 1000/06, KUR 2008, S. 24.

VG Berlin: Urteil v. 22.01.2015 – VG 1 K 228.11, ZUM-RD 2015, S. 611.

VG Dresden: Urteil v. 05.11.2008 – 5 K 1837/05, juris.

VG Gelsenkirchen: Urteil v. 05.06.1985 – 4 K 1357/84, BeckRS 1985, S. 111171.

VG Hannover: Urteil v. 09.06.1989 – 6 A 69/87, NVwZ-RR 1991, S. 643.

VGH Bayern: Urteil v. 04.12.1991 – 7 B 89.349, NJW 1992, S. 2584.

Drucksachen und Protokolle

Deutscher Bundestag: Bericht der Bundesregierung zum Kulturgutschutz in Deutschland, BT-Drucksache 17/13378, 29.04.2013, URL: https://dserver.bundestag.de/btd/17/133/1713378.pdf, letzter Zugriff am 22.02.2024.

Deutscher Bundestag: Entwurf eines Gesetzes zur Neuregelung des Kulturgutschutzrechts, BT-Drucksache 18/7456, 03.02.2016, URL: https://dserver.bundestag.de/btd/18/074/1807456.pdf, letzter Zugriff am 12.06.2024.

Deutscher Bundestag: Plenarprotokoll 18/179, 23.06.2016, URL: https://dserver.bundestag.de/btp/18/18179.pdf, letzter Zugriff am 19.03.2024.

Deutscher Bundestag: Bericht zum Umfang des Verwaltungsaufwandes von Bund und Ländern – Zwei Jahre Kulturgutschutzgesetz, BT-Drucksache 19/7145, 16.01.2019, URL: https://dserver.bundestag.de/btd/19/071/1907145.pdf, letzter Zugriff am 22.02.2024.

Lenski (jetzt Schönberger), Sophie: Stellungnahme im Bundestagsausschuss für Kultur und Medien, Ausschuss-Drucksache 18(22)121, 08.04.2016, URL: https://www.bundestag.de/resource/blob/418286/18856eb4972db9e772533a1fa68e5e2c/Lenski-data.pdf, letzter Zugriff am 19.03.2024.

Nesselrath, Arnold: Stellungnahme im Bundestagsausschuss für Kultur und Medien, Auschuss-Drucksache 18(22)131, 11.04.2016, URL: https://www.bundestag.de/resource/blob/418288/f4157a2da222cd048aa5c2f99745d8e0/Nesselrath-data.pdf, letzter Zugriff am 19.03.2024.

O. A.: Protokoll der 105. Sitzung des Preußischen Haus der Abgeordneten am 11.12.1917, abgedruckt in: *Stenographische Berichte über die Verhandlungen des Preußischen Hauses der Abgeordneten*, 22. Legislaturperiode, 3. Tagung, Bd. 6, 92–107. Sitzung, 16.10.–13.12.1917, ab Spalte 6900.

O. A.: Protokoll der 170. Sitzung des Reichstags am 08.06.1918, online abrufbar unter: http://www.reichstagsprotokolle.de/Blatt_k13_bsb00003408_00670.html, letzter Zugriff am 07.06.2024.

O. A.: Protokoll der 83. Sitzung des Reichstags am 19.08.1919, online abrufbar unter: http://www.reichstagsprotokolle.de/Blatt2_wv_bsb00000013_00460.html, letzter Zugriff am 07.06.2024.

O. A.: Bericht des Ausschusses für Volkswirtschaft über die Beratung des Entwurfs einer Verordnung über die Ausfuhr von Kunstwerken, Nr. 144 der Ausschuß-Drucksachen, 16.12.1919, abgedruckt in: *Verhandlungen der verfassungsgebenden Deutschen Nationalversammlung. Anlagen zu den Stenographischen Berichten*, Bd. 340, Nr. 1814, S. 1885–1886.

O. A.: Entwurf einer Bekanntmachung über den Verkehr mit Gegenständen, die einen besonderen wissenschaftlichen, geschichtlichen oder Kunstwert haben, 25.05.1917, abgedruckt in: *Protokolle über die Verhandlungen des Bundesrats des Deutschen Reichs. Drucksachen zu den Verhandlungen des Bundesrats des Deutschen Reichs*, Nr. 160, Session 1917.

Monografien und Sammelbände

Asal, Karl: *Die neuen reichsrechtlichen Denkmalschutzbestimmungen*, Heidelberg 1923.

Bauer, Herman/Wolf Dieter Dube (Hg.): *Meisterwerke des 18. Jahrhunderts. Sammlung der Bayerischen Hypotheken- und Wechsel-Bank in der Alten Pinakothek*, München 1966.

Kneer, August: *Die Denkmalpflege in Deutschland, mit besonderer Berücksichtigung der Rechtsverhältnisse*, Mönchengladbach 1915.

Krayer, Joseph: *Denkmalschutz*, Würzburg 1930.

Soehner, Halldor: „Vorwort", in: Herman Bauer/Wolf Dieter Dube (Hg.): *Meisterwerke des 18. Jahrhunderts. Sammlung der Bayerischen Hypotheken- und Wechsel-Bank in der Alten Pinakothek*, München 1966, S. 7–9.

Steingräber, Erich: „Vorwort", in: Bayerische Hypotheken- und Wechsel-Bank AG (Hg.): *Die Kunstsammlung der Bayerischen Hypotheken- und Wechsel-Bank-AG*, München 1980, S. 6.

Zeitschriften und Zeitungen

Bode, Wilhelm von: „Die Entwicklung der öffentlichen Sammlungen der Kunst des Mittelalters und der Renaissance in Deutschland seit dem Kriege 1870–71", in: *Deutsche Rundschau*, 60(1889), S. 129–138.

Bode, Wilhelm von: „The Berlin Renaissance Museum", in: *The Fortnightly Review*, 50(1891), S. 506–515.

Bode, Wilhelm von: „Gehören Kunstwerke in die Museen?", in: *Die Werkstatt der Kunst. Organ für die Interessen der bildenden Künstler*, 2(1913), S. 15–17.

Bode, Wilhelm von: „Denkmalpflege und Museen. Eine Erwiderung", in: *Kunstchronik. Wochenschrift für Kunst und Kunstgewerbe*, 5(1913), S. 65–70.

Bode, Wilhelm von: „Sollen sich die deutschen Kunsthistoriker zu einer Fachgenossenschaft zusammenschließen?", in: *Kunstchronik. Wochenschrift für Kunst und Kunstgewerbe*, 32(1917), S. 337–341.

Bode, Wilhelm von: „Zur ‚Inventarisierung des Kunstbesitzes'", in: *Vossische Zeitung*, Morgenausgabe, 17.02.1918, S. 2–3.

Bode, Wilhelm von: „Ist ein Kunstausfuhrverbot für Deutschland wünschenswert?", in: *Kunstchronik. Wochenschrift für Kunst und Kunstgewerbe*, 15(1918), S. 161–162.

Bode, Wilhelm von: „Öffentlichkeit des Kunstsammelns", in: *Kunstchronik und Kunstmarkt. Wochenschrift für Kenner und Sammler*, 28(1919), S. 569–571.

Bode, Wilhelm von: „Das neue Kunst-Notgesetz", in: *Dortmunder Zeitung*, 30.12.1919, S. 1–2.

Bode, Wilhelm von: „Zur Förderung der deutschen Kunst", in: *Kölnische Zeitung*, 28.10.1988, abgedruckt in: Staatliche Museen zu Berlin (Hg): *Wilhelm von Bode als Zeitgenosse der Kunst. Zum 150. Geburtstag*, Berlin 1995, Ausst.-Kat., Staatliche Museen zu Berlin, S. 87–94.

Clemen, Paul: „Die Gefährdung des deutschen Kunstbesitzes und gesetzliche Maßnahmen dagegen", in: Gemeinsame Tagung für Denkmalpflege und Heimatschutz (Hg.): *Dritte Gemeinsame Tagung für Denkmalpflege und Heimatschutz. Eisenach, 23.und 24. März 1920. Stenographischer Bericht*, Berlin 1920, S. 95–131.

Clemen, Paul: „Die Gefährdung des deutschen Kunstbesitzes", in: *Der Kunstwart und Kulturwart. Halbmonatsschau für Ausdruckskultur auf allen Lebensgebieten*, 8(1920), S. 60–64.

Czöppan, Gabi/Nele Husmann: „Neuer Kampf um große Bilder", in: *Focus*, 19.04.2014, S. 112–114.

Dehio, Georg: „Denkmalpflege und Museen“, in: Gemeinsame Tagung für Denkmalpflege und Heimatschutz (Hg.): *Gemeinsame Tagung für Denkmalpflege und Heimatschutz. Salzburg, 14. und 15. September 1911. Stenographischer Bericht*, Berlin 1911, S. 141–151.

Dirksen, Victor: „Die Tagung des Deutschen Museumsbundes in Lübeck“, in: *Kunstchronik und Kunstmarkt. Wochenschrift für Kenner und Sammler*, 48(1920), S. 923–929.

Gurlitt, Cornelius: „Kunsthandel und Denkmalpflege“, in: Gemeinsame Tagung für Denkmalpflege und Heimatschutz (Hg.): *Zweite Gemeinsame Tagung für Denkmalpflege und Heimatschutz. Dresden, 25. und 26. September 1913. Stenographischer Bericht*, Berlin 1914, S. 80–94.

Herchenröder, Christian: „Eine Nation wird durchschnüffelt. Umstrittenes deutsches Kulturgutschutzgesetz“, in: *Neue Zürcher Zeitung*, 17.07.2015, URL: https://www.nzz.ch/feuilleton/kunst_architektur/eine-nation-wird-durchschnueffelt-ld.727189, letzter Zugriff am 05.05.2024.

Hickley, Catherine: „She Tracked Nazi-Looted Art. She Quit When No One Returned It“, in: *New York Times*, 18.03.2020, S. C1.

Land Nordrhein-Westfalen: „Bekanntmachung über den Schutz von Kulturgut vom 17. Oktober 2016“, in: *Bundesanzeiger*, 11.11.2016.

Martin, Kurt: „Die Situation der deutschen Museen nach dem Krieg“, in: *Kunstchronik. Monatsschrift für Kunstwissenschaft, Museumswesen und Denkmalpflege*, 1/2(1948), S. 2–4, URL: https://doi.org/10.11588/kc.1948.1/2.63872, letzter Zugriff am 07.11.2023.

O. A.: „Hilma af Klint bricht Besucherrekord im Guggenheim“, in: *Monopol. Magazin für Kunst und Leben*, 23.04.2019, URL: https://www.monopol-magazin.de/hilma-af-klint-bricht-besucherrekord-im-guggenheim, letzter Zugriff am 19.03.2024.

O. A.: „Landtag – Mainz. Urschrift der Landesverfassung im Kulturgut-Verzeichnis“, in: *Süddeutsche Zeitung online*, 23.05.2022, URL: https://www.sueddeutsche.de/politik/landtag-mainz-urschrift-der-landesverfassung-im-kulturgut-verzeich-nis-dpa.urn-newsml-dpa-com-20090101-220523-99-401978, letzter Zugriff am 22.02.2024.

O. A.: „Tagung für Denkmalpflege“, in: *Die Denkmalpflege*, 21(1919), S. 70.

Sarrazin, Otto/Hofsfeld, Oskar: „Zur Einführung“, in: *Die Denkmalpflege*, 1(1899). S. 1.

Scheffler, Karl: „Falscher Kunstschutz“, in: *Kunst und Künstler. Illustrierte Monatsschrift für bildende Kunst und Kunstgewerbe*, 26(1928), S. 232–233.

Schneider, Richard: „Im Kopf nach Kythera. Für Watteau haben die Berliner nichts übrig“, in: *Die Zeit*, 30.09.1983, URL: https://www.zeit.de/1983/40/im-kopf-nach-kythera, letzter Zugriff am 11.03.2024.

Schönberger, Sophie: „Kunst, Krieg und Nation. Der Entwurf des neuen Kulturgutschutzgesetzes liest sich wie die Diagnose einer kollektiven Identitätskrise“, in: *Süddeutsche Zeitung*, 08.06.2016, S. 9.

Schultz, Bernd: „Das Schleppnetz zieht sich langsam zu“, in: *Frankfurter Allgemeine Zeitung*, 16.01.2016, URL: https://www.faz.net/aktuell/feuilleton/debatten/bernd-schultz-stellt-kulturgutschutzgesetz-infrage-14008679.html, letzter Zugriff am 13.05.2024.

Voss, Julia: „Die Kunstgeschichte muss umgeschrieben werden", in: *Frankfurter Allgemeine Zeitung*, 24.02.2013, S. 28.

Voss, Julia: „Keine Raubkunst? Schweinfurter Museum Schäfer in Erklärungsnot", in: *Frankfurter Allgemeine Zeitung*, 09.09.2015, S. 9.

Zekri, Sonja: „Was für eine Gelegenheit!", in: *Süddeutsche Zeitung*, 20.01.2007.

Internetquellen

Ägyptisches Museum der Universität Leipzig: „Geschichte der Sammlung", URL: https://www.gkr.uni-leipzig.de/aegyptisches-museum/geschichte, letzter Zugriff am 05.01.2023.

Arbeitskreis Provenienzforschung e.V.: „Stellungnahme des Arbeitskreises Provenienzforschung e.V. zur aktuellen Berichterstattung zur Provenienzforschung am Museum Georg Schäfer", 28.01.2020, URL: https://www.arbeitskreis-provenienzforschung.org/stellungnahme-zur-aktuellen-berichterstattung-zur-provenienzforschung-am-museum-georg-schaefer/, letzter Zugriff am 19.03.2024.

Kulturstiftung der Länder: „Richtlinien für die Erwerbungsförderung", § 2 Stiftungszweck, URL: https://www.kulturstiftung.de/wp-content/uploads/2019/08/Kulturstiftung-der-Länder-Förderrichtlinien-Erwerbungen.pdf, letzter Zugriff am 13.06.2022.

Ministerium für Heimat, Kommunales, Bau und Gleichstellung: „Pressemitteilung: Ahlener Rathaus wird nicht unter Denkmalschutz gestellt", 06.03.2019, URL: https://www.land.nrw/pressemitteilung/ministerin-scharrenbach-ahlener-rathaus-wird-nicht-unter-denkmalschutz-gestellt#:~:text=Das%20Ahlener%20Rathaus%20wird%20nicht,Landes%20Nordrhein%2DWestfalen%2C%20entschieden, letzter Zugriff am 19.03.2024.

Nachlass Max und Martha Liebermann/Sammlung-Dr.-Georg-Schäfer-Stiftung: „Gemeinsame Erklärung für Öffentlichkeit und Presse. Gütliche Einigung Bildnis Martha Liebermann u.a.", 30.08.2021, URL: https://www.museumgeorgschaefer.de/fileServer/MGS/1093/16950/Gemeinsame_Erkl_rung_30.08.2021.pdf, letzter Zugriff am 19.03.2024.

Stiftung Preußischer Kulturbesitz: „Die Stiftung Preußischer Kulturbesitz restituiert ein Gemälde von Caspar David Friedrich", 22.03.2004, URL: https://www.preussischer-kulturbesitz.de/fileadmin/user_upload_SPK/documents/mediathek/schwerpunkte/provenienz_eigentum/rp/Restitution_C_D_Friedrichs_Watzmann_2004.pdf, letzter Zugriff am 19.03.2024.

Otto-von-Bismarck-Stiftung: „Bismarck-Museum Friedrichsruh im Alten Landhaus", o. D., URL: https://www.bismarck-stiftung.de/ausstellungen/bismarck-museum-friedrichsruh/, letzter Zugriff am 19.03.2024.

Sekundärliteratur

Monografien und Sammelbände

Armbruster, Thomas: *Rückerstattung der Nazi-Beute. Die Suche, Bergung und Restitution von Kulturgütern durch die westlichen Alliierten nach dem Zweiten Weltkrieg* (Schriften zum Kulturgüterschutz), Berlin 2008.

Assmann, Aleida: *Arbeit am nationalen Gedächtnis. Eine kurze Geschichte der deutschen Bildungsidee*, Frankfurt a. M. 1993.

Assmann, Aleida: *Die Wiedererfindung der Nation. Warum wir sie fürchten und warum wir sie brauchen*, München 2020.

Assmann, Jan: „Kollektives Gedächtnis und kulturelle Identität", in: ders./Tonio Hölscher (Hg.): *Kultur und Gedächtnis*, Frankfurt a. M. 1988, S. 9–19.

Assmann, Jan: *Das kulturelle Gedächtnis. Schrift, Erinnerung und politische Identität in frühen Hochkulturen*, München 1992.

Belting, Hans: *Die Deutschen und ihre Kunst. Ein schwieriges Erbe*, München 1992.

Bernsdorff, Norbert/Andrea Kleine-Tebbe: *Kulturgutschutz in Deutschland. Ein Kommentar*, Köln u. a. 1996.

Bhabha, Homi K.: „DissemiNation: Time, Narrative and the Margins of the Modern Nation", in: ders.: *The Location of Culture*, London 1994, S. 139–170.

Böhm, Benita: *Die identitätsstiftende Wirkung national wertvoller Kulturgüter*, Baden-Baden 2021.

Bushart, Bruno/Matthias Eberle/Jens Christian Jensen (Hg.): *Das Museum Schäfer Schweinfurt*, Schweinfurt 2000.

Decken, Kerstin von der: „Das Kulturgutschutzgesetz von 2016 – mit einem besonderen Fokus auf dem Abwanderungsschutz für deutsches Kulturgut", in: Matthias Weller/Nikolai B. Kemle/Thomas Dreier (Hg.): *Kunst und Recht. Rückblick, Gegenwart, Zukunft* (Schriften zum Kunst- und Kulturrecht, Bd. 24), Baden-Baden 2017, S. 71–102.

Decken, Kerstin von der/Frank Fechner/Matthias Weller: *Kulturgutschutzgesetz. Kommentar*, Baden-Baden 2020.

Elmenhorst, Lucas/Volker Wiese (Hg.): *Kulturgutschutzgesetz. Kommentar*, München 2018.

Falckenberg, Harald: „Chronologie der Gesetzgebung zum Kulturgutschutz", in: Lucas Elmenhorst/Volker Wiese (Hg.): *Kulturgutschutzgesetz. Kommentar*, München 2018, S. 24–28.

Gaethgens, Thomas W.: *Die Museumsinsel im Deutschen Kaiserreich. Zur Kulturpolitik der Museen in der wilhelminischen Epoche*, München 1992.

Germelmann, Claas Friedrich: *Kultur und staatliches Handeln. Grundlagen eines öffentlichen Kulturrechts in Deutschland*, Tübingen 2013.

Geyer, Martin: *Verkehrte Welt. Revolution, Inflation und Moderne. München 1914–1924* (Kritische Studien zur Geschichtswissenschaft, Bd. 128), Göttingen 1998.

Goschler, Constantin: *Wiedergutmachung. Westdeutschland und die Verfolgten des Nationalsozialismus (1945–1954)* (Quellen und Darstellungen zur Zeitgeschichte, Bd. 34), München 1992.

Hammer, Felix: *Die geschichtliche Entwicklung des Denkmalrechts in Deutschland*, Tübingen 1995.

Herchenröder, Christian: „Alte Märkte, neue Märkte: Eine Chronik der achtziger Jahre", in: ders.: *Die neuen Kunstmärkte. Analyse, Bilanz, Ausblick*, Düsseldorf 1990, S. 41–61.

Hollein, Max: „Der Kunstmarktboom der achtziger Jahre", in: ders.: *Zeitgenössische Kunst und der Kunstmarktboom*, Wien/Köln/Weimar 1999, S. 23–62.

Hopp, Meike: *Kunsthandel im Nationalsozialismus. Adolf Weinmüller in München und Wien*, Köln 2012.

Jayme, Erik: „Nationale Kunst heute. Betrachtungen zum neuen Kulturgutschutzgesetz", in: Matthias Weller/Nicolai B. Kemle/Thomas Dreier (Hg.): *Kunst und Recht. Rückblick, Gegenwart, Zukunft* (Schriften zum Kunst- und Kulturrecht, Bd. 24), Baden-Baden 2017, S. 51–70.

Joachimides, Alexis: *Die Museumsreformbewegung in Deutschland und die Entstehung des modernen Museums 1880–1940*, Dresden 2001.

Joachimides, Alexis: „Die Ambivalenz des Museums. Kulturpessimisten, Denkmalpfleger, Heimatschützer und die Reform der musealen Praxis um 1900", in: ders./Sven Kuhrau (Hg.): *Renaissance der Kulturgeschichte? Die Wiederentdeckung des Märkischen Museums in Berlin aus einer europäischen Perspektive*, Dresden 2001, S. 88–108.

Kimmig, Louisa: *National wertvolles Kulturgut. Die listenbasierte Unterschutzstellung nach dem Kulturgutschutzgesetz*, Baden-Baden 2022.

Koldehoff, Stefan: *Die Bilder sind unter uns. Das Geschäft mit der NS-Raubkunst*, Frankfurt a. M. 2009.

Koshar, Rudy: *Germany's Transient Pasts. Preservation and National Memory in the Twentieth Century*, Chapel Hill 1998.

Kratz-Kessemeier, Kristina: *Kunst für die Republik. Die Kunstpolitik des preußischen Kultusministeriums 1918 bis 1932*, Berlin 2007.

Langewiesche, Dieter: *Reich, Nation, Föderation. Deutschland und Europa*, München 2008.

Matthes, Olaf: „James Simon und Wilhelm Bode. Eine fruchtbar-ambivalente Beziehung", in: James Simon: *Briefe an Wilhelm von Bode 1885–1927*, hrsg. u. komment. v. Olaf Matthes (Schriften zur Geschichte der Berliner Museen, Bd. 6), Wien 2020, S. 9–29.

Meyer, Andrea: *Kämpfe um die Professionalisierung des Museums. Karl Koetschau, die Museumskunde und der Deutsche Museumsbund 1905–1939*, Bielefeld 2021.

Meyer-Bohe, Walter: *Rathäuser*, Stuttgart 1984.

Mongi-Vollmer, Eva: „Alltägliches Recht, alltägliches Unrecht. Die Gemäldeerwerbungen des Städel 1933–1945", in: Uwe Fleckner/Max Hollein (Hg.): *Museum im Widerspruch. Das Städel und der Nationalsozialismus* (Schriftenreihe der Forschungsstelle „Entartete Kunst", Bd. 6), Berlin 2010, S. 147–200.

Niethammer, Lutz: *Kollektive Identität. Heimliche Quellen einer unheimlichen Konjunktur*, Reinbek b. Hamburg 2000.

Obenaus, Maria: *Für die Nation gesichert? Das „Verzeichnis der national wertvollen Kunstwerke". Entstehung, Etablierung und Instrumentalisierung 1919–1945*, Berlin 2016.

Quodbach, Esmée: „Wilhelm Bode and Johannes Vermeer: Creating a Taste and a Market", in: Joanna Smalcerz (Hg): *Wilhelm Bode and the Art Market. Connoisseurship, Networking and Control of the Marketplace*, Leiden 2022, S. 67–96.

Renan, Ernest: *Was ist eine Nation? Und andere Schriften*, Wien 1995.

Schack, Haimo: „Zivilrechtliche Auswirkungen des KGSG. Importverbote und Transparenzpflicht", in: Matthias Weller/Nicolai B. Kemle/Thomas Dreier (Hg.): *Handel, Provenienz, Restitution* (Schriften zum Kunst- und Kulturrecht, Bd. 31), Baden-Baden 2020, S. 73–88.

Schäfer, Fritz: „Zur Entstehung des Museums Georg Schäfer", in: Bruno Bushart/Matthias Eberle/Jens Christian Jensen (Hg.): *Das Museum Schäfer Schweinfurt*, Schweinfurt 2000, S. 7–16.

Schöne, Dorothea: „Revision, Restitution und Neubeginn. Das Städel nach 1945", in: Uwe Fleckner/Max Hollein (Hg.): *Museum im Widerspruch. Das Städel und der Nationalsozialismus* (Schriftenreihe der Forschungsstelle „Entartete Kunst", Bd. 6), Berlin 2010, S. 241–288.

Schrader, Karin: „Das Bildnis Friedrich des Großen. Zur Porträtauffassung und zur Problematik der Porträtähnlichkeit", in: dies.: *Der Bildnismaler Johann Georg Ziesenis (1716–1776). Leben und Werk mit kritischem Oeuvrekatalog*, Münster 1995, S. 101–119.

Smalcerz, Joanna: *Smuggling the Renaissance. The Illicit Export of Artworks Out of Italy, 1861–1909* (Studies in the History of Collecting & Art Markets, Bd. 8), Leiden 2019.

Smalcerz, Joanna: „Introduction: The Entanglement of Art Historical Scholarship, Connoisseurship and the Art Trade in the Late Nineteenth Century", in: dies. (Hg.): *Wilhelm Bode and the Art Market. Connoisseurship, Networking and Control of the Marketplace*, Leiden 2022, S. 1–15.

Speitkamp, Winfried: *Die Verwaltung der Geschichte. Denkmalpflege und Staat in Deutschland 1871–1933*, Göttingen 1996.

Speitkamp, Winfried: „Eigentum, Heimatschutz und Denkmalpflege in Deutschland seit dem ausgehenden 19. Jahrhundert", in: Hannes Siegrist/David Sugarman (Hg.): *Eigentum im internationalen Vergleich. 18.–20. Jahrhundert* (Kritische Studien zu Geschichtswissenschaft, Bd. 130), Göttingen 1999, S. 209–224.

Stockhausen, Tillmann von: *Gemäldegalerie Berlin. Die Geschichte ihrer Erwerbungspolitik 1830–1904*, Berlin 2000.

Voss, Julia: *Hilma af Klint*, Frankfurt a. M. 2020.

Wilmes, Daniela: *Wettbewerb um die Moderne. Zur Geschichte des Kunsthandels in Köln nach 1945* (Schriften zur modernen Kunsthistoriographie, Bd. 2), Berlin 2012.

Wagner K, Matthias: „Bilder des Verschwundenseins. Die Sammlung Maximilian von Goldschmidt-Rothschilds", in: Deutsches Zentrum für Kulturgutverluste (Hg.): *Provenienzforschung in deutschen Sammlungen. Einblicke in zehn Jahre Projektförderung*, Berlin 2019, S. 233–240.

Wagner K, Matthias/Katharina Weiler (Hg.): *Die Sammlung von Maximilian von Goldschmidt-Rothschild*, Ausst.-Kat., Museum für Angewandte Kunst Frankfurt am Main, Köln 2023.

Weidner, Amalie: *Kulturgüter als res extra commercium im internationalen Sachenrecht* (Schriften zum Kulturgüterschutz), Berlin 2001.

Weiler, Katharina: „Die Kunstobjekte Maximilian von Goldschmidt-Rothschilds. Biographie einer Sammlung im Spiegel der Geschichte des Museums für Angewandte Kunst, Frankfurt am Main", in: Evelyn Brockhoff/Franziska Kiermeier (Hg.): *Gesammelt, gehandelt, geraubt. Kunst in Frankfurt und der Region 1933–1945*, Frankfurt a. M. 2019, S. 139–153.

Zeitschriften

Cube, Nicolai von: „Ist das Kunst oder kann das weg? Die Ratlosigkeit des Rechtsanwenders nach gut gemeinter Gesetzgebung", in: *NJW. Neue Juristische Wochenzeitschrift*, 11(2017), S. 787–791.

Grimm, Dieter: „Kulturauftrag im staatlichen Gemeinwesen", in: *Veröffentlichungen der Vereinigung der deutschen Staatsrechtslehrer*, Bd. 42 (1984), S. 46.

Kammel, Frank Matthias: „Kreuzgang, Krypta und Altäre. Wilhelm von Bodes Erwerbungen monumentaler Kunstwerke und seine Präsentationsvorstellungen für das Deutsche Museum", in: Staatliche Museen zu Berlin (Hg): *Jahrbuch der Berliner Museen*, 38(1996), Beiheft „Kennerschaft". Kolloquium zum 150sten Geburtstag von Wilhelm von Bode, S. 155–175.

Müller, Matthias: „Wa(h)re Kunst. Kulturgutschutz zwischen persönlicher Freiheit und gesellschaftlicher Bindung. Anmerkungen zur Debatte über die Definition ‚nationalen' Kulturguts", in: *Kulturpolitische Mitteilungen. Zeitschrift für Kulturpolitik der Kulturpolitischen Gesellschaft*, 2/153(2016), S. 26–32.

Paul, Barbara: „‚Das Kollektionieren ist die edelste aller Leidenschaften!' Wilhelm von Bode und das Verhältnis zwischen Museum, Kunsthandel und Privatsammlertum", in: *kritische berichte. Zeitschrift für Kunst- und Kulturwissenschaften*, 3(1993), S. 41–64.

Warren, Jeremy: „Bode and the British", in: Staatliche Museen zu Berlin (Hg): *Jahrbuch der Berliner Museen*, 38(1996), Beiheft „Kennerschaft", Kolloquium zum 150sten Geburtstag von Wilhelm von Bode, S. 121–142.

Winands, Günther/List, Melanie: „Das neue Kulturgutschutzgesetz", in: *KUR. Kunst und Recht*, 6(2016), S. 198–206.

Bildnachweis

S. 8: Caspar David Friedrich, *Der Watzmann*, 1824/25, Öl auf Leinwand, 135 x 170 cm, Staatliche Museen zu Berlin, Nationalgalerie, Leihgabe der DekaBank, Foto: Staatliche Museen zu Berlin / Andres Kilger © CC BY-SA 4.0 (https://creativecommons.org/licenses/by-sa/4.0/), Ausschnitt des Originals

S. 20: Edvard Munch, *Eifersucht*, 1913, Öl auf Leinwand, 85 x 130 cm, Städel Museum, Frankfurt am Main, Leihgabe aus Privatbesitz, Foto: Städel Museum, Frankfurt am Main © CC0 1.0 DEE (https://creativecommons.org/publicdomain/zero/1.0/), Ausschnitt des Originals

S. 24: Anzahl der Eintragungen gesamt, 1961–2024, Diagramm: © Nina Kathalin Kummer

S. 25: Anzahl der Eintragungen nach Ländern, 1961–2024, Diagramm: © Nina Kathalin Kummer

S. 27: Art der unter Schutz gestellten Kulturgüter, 1961, Diagramm: © Nina Kathalin Kummer

S. 27: Art der unter Schutz gestellten Kulturgüter, 2024, Diagramm: © Nina Kathalin Kummer

S. 28: Nationale Herkunft der unter Schutz gestellten Kulturgüter, 1961, Diagramm: © Nina Kathalin Kummer

S. 28: Nationale Herkunft der unter Schutz gestellten Kulturgüter, 2024, Diagramm: © Nina Kathalin Kummer

S. 35: Max Liebermann, *Kleinkinderschule in Amsterdam*, 1880, Öl auf Leinwand, 68 x 98 cm, Staatliche Museen zu Berlin, Nationalgalerie, Leihgabe der Stiftung Deutsche Klassenlotterie, Foto: Dosseman, https://commons.wikimedia.org/wiki/File:Alte_Nationalgalerie_Max_Liebermann_-_Toddlers_school_in_Amsterdam_-_1880_2108.jpg#metadata © CC BY-SA 4.0 (https://creativecommons.org/licenses/by-sa/4.0/), Umwandlung des farbigen Originals in Graustufen

S. 41: Johann Georg Ziesenis d. J., *Friedrich II. König von Preußen*, 1973, Ölstudie auf Leinwand, 59 x 48 cm, Privatbesitz, Foto: https://de.wikipedia.org/wiki/Datei:Friedrich_II_König_von_Preußen.jpg © CC0 1.0 DEE (https://creativecommons.org/publicdomain/zero/1.0/), Umwandlung des farbigen Originals in Graustufen

S. 44: Edvard Munch, *Eifersucht*, 1913, Öl auf Leinwand, 85 x 130 cm, Städel Museum, Frankfurt am Main, Leihgabe aus Privatbesitz, Foto: Städel Museum, Frankfurt am Main © CC0 1.0 DEE (https://creativecommons.org/publicdomain/zero/1.0/), Umwandlung des farbigen Originals in Graustufen

S. 56: Bildnis einer jungen Dame „Prinzessin von Urbino", 1. Hälfte 15. Jahrhundert, Urbinatischer Kalkstein, 47 x 43 x 23 cm, Staatliche Museen zu Berlin, Skulpturensammlung, Foto: Staatliche Museen zu Berlin, Skulpturensammlung, Museum für Byzantinische Kunst / Antje Vogt © CC BY-SA 4.0 (https://creativecommons.org/licenses/by-sa/4.0/), Ausschnitt des Originals

S. 63: Bildnis einer jungen Dame „Prinzessin von Urbino", 1. Hälfte 15. Jahrhundert, Urbinatischer Kalkstein, 47 x 43 x 23 cm, Staatliche Museen zu Berlin, Skulpturensammlung, Foto: Staatliche Museen zu Berlin, Skulpturensammlung, Museum für Byzantinische Kunst / Antje Vogt © CC BY-SA 4.0 (https://creativecommons.org/licenses/by-sa/4.0/), Umwandlung des farbigen Originals in Graustufen

S. 86: Hilma af Klint, *Die zehn Größten – Nr. 2: Kindheit*, 1907, Öl, Tempera, Papier, 315 x 234 cm, Stiftelsen Hilma af Klints Verk, Stockholm, Foto: Moderna Museet, Stockholm © Courtesy of The Hilma af Klint Foundation, Ausschnitt des Originals

S. 91: Rathaus Ahlen, Südseite, 1977, Arch. Brigitte und Christoph Parade, Foto: NordNordWest © CC BY-SA-3.0 DE (https://creativecommons.org/licenses/by-sa/3.0/de/), Umwandlung des farbigen Originals in Graustufen

S. 92: Anton von Werner, *Die Proklamierung des deutschen Kaiserreiches (18. Januar 1871)*, 1885, Öl auf Leinwand, 167 x 202 cm, Bismarck-Museum Friedrichsruh, Foto: © Archiv der Otto-von-Bismarck-Stiftung, Friedrichsruh, Umwandlung des farbigen Originals in Graustufen

S. 94: Hilma af Klint, *Die zehn Größten – Nr. 2: Kindheit*, 1907, Öl, Tempera, Papier, 315 x 234 cm, Stiftelsen Hilma af Klints Verk, Stockholm, Foto: Moderna Museet, Stockholm © Courtesy of The Hilma af Klint Foundation, Umwandlung des farbigen Originals in Graustufen

S. 104: Caspar David Friedrich, *Der Watzmann*, 1824/25, Öl auf Leinwand, 135 x 170 cm, Staatliche Museen zu Berlin, Nationalgalerie, Leihgabe der DekaBank, Foto: Staatliche Museen zu Berlin / Andres Kilger © CC BY-SA 4.0 (https://creativecommons.org/licenses/by-sa/4.0/), Umwandlung des farbigen Originals in Graustufen

Hinweise zu den Autorinnen und Autoren

Dieter Grimm, Dr. iur., Dr. h. c. mult., LL. M. (Harvard), ist emeritierter Professor für Öffentliches Recht an der Humboldt-Universität zu Berlin sowie Rektor a. D. und Permanent Fellow des Wissenschaftskollegs zu Berlin. Von 1987 bis 1999 war er Richter des Bundesverfassungsgerichts. Forschungsschwerpunkte sind Verfassungsrecht, Verfassungsgeschichte, Verfassungsvergleichung, Verfassungstheorie und Europarecht.

Charlotte Klonk, Prof. Dr., ist Professorin für Kunst und Neue Medien am Institut für Kunst- und Bildgeschichte der Humboldt-Universität zu Berlin. Ihr Forschungsschwerpunkt liegt auf der Geschichte des künstlerischen und nicht künstlerischen Bildes seit dem 18. Jahrhundert. Derzeit forscht sie zu Bildern der Demokratie.

Nina Kathalin Kummer, M. A., ist seit April 2020 wissenschaftliche Mitarbeiterin im DFG-Projekt „Nationales Kulturerbe. Das Kulturgutschutzgesetz im Spannungsfeld von Gemeinwohlinteressen und Privateigentum". Sie studierte Kunst- und Bildgeschichte und Kulturwissenschaften an der Humboldt-Universität zu Berlin und am Goldsmith College in London und promoviert bei Prof. Dr. Charlotte Klonk zum Verzeichnis national wertvollen Kulturgutes.

Theodor Schöllgen ist seit Januar 2021 wissenschaftlicher Mitarbeiter im DFG-Projekt „Nationales Kulturerbe. Das Kulturgutschutzgesetz im Spannungsfeld von Gemeinwohlinteressen und Privateigentum". Er studierte Rechtswissenschaft an der Humboldt-Universität zu Berlin und promoviert bei Prof. Dr. Dr. h. c. mult. Dieter Grimm zum deutschen Abwanderungsschutz.

Namen- und Sachregister

A

Abend an der Ostsee, 1826, Gemälde, **siehe** Friedrich, Caspar David
Abtei Echternach 38
Abwanderungsschutz 10, 12, 23, 25, 28, 32, 38, 46, 47, 48, 50, 51, 53, 57, 58, 68, 72, 75, 76, 77, 78, 79, 80, 82, 83, 84
Ägyptisches Museum der Universität Leipzig 28
Ahlen 90, 91
Alte Nationalgalerie, Berlin 35, 36, 103, 104
Alte Pinakothek, München 42, 43, 95
Ankaufspolitik 64, 65
Antragsberechtigung 34, 100, 101
Archivgut 23
Armbruster, Thomas 48
Asal, Karl 68, 70, 75
Assmann, Aleida 89, 97
Assmann, Jan 89
Ausführungsbestimmungen zur Verordnung über die Ausfuhr von Kunstwerken, 1919 80, 100
Ausfuhrgenehmigungspflicht 18, 21, 30, 39
Ausfuhrverbot, **auch** Ausfuhrsperre 12, 13, 21, 39, 49, 50, 51, 52, 53, 57, 64, 65, 67, 69, 70, 71, 73, 74, 93, 108

B

Baden-Württemberg 24, 25, 27, 29, 30, 36, 37, 39, 55, 100
Bananen unter Glas, 1971, Assemblage, **siehe** Roth, Dieter
Bardini, Stefano 63
Barlach, Ernst 40
Bartning, Otto 73
Bayerische Hypotheken- und Wechsel-Bank 42, 43, 95
Bayerische Staatsgemäldesammlungen, München 30, 43, 72, 95, 105
Bayerisches Landesamt für Denkmalpflege 50, 72
Bayerisches Nationalmuseum, München 49, 71
Bayerisches Staatsministerium der Justiz 49
Bayerisches Staatsministerium für Unterricht und Kultus 38, 39, 40, 43, 49, 54, 105, 106
Bayern 25, 27, 29, 30, 31, 39, 42, 43, 49, 54, 55, 64, 71, 72, 75, 77, 80, 95, 100, 105
Beckmann, Max 29
Belgien 27
Belting, Hans 109
Berlin 25, 27, 28, 29, 30, 35, 36, 54, 55, 58, 60, 61, 62, 63, 64, 66, 71, 74, 76, 80, 84, 94, 95, 103, 105
Beschädigungsverbot 90
Beyerle, Konrad 68
Bhabha, Homi K. 97
Biegeleben, Maximilian von 68
Bildnis der Landgräfin Karoline von Hessen, um 1755, Gemälde, **siehe** Pesne, Antoine
Bildnis Friedrich des Großen, 1763, Gemälde, **siehe** Ziesenis d. J., Georg
Bismarck, Otto von 42
Bismarck-Museum Friedrichsruh 92
Bode, Wilhelm von 58, 60, 61, 62, 64, 65, 66, 67, 69, 70, 71, 72, 73, 74, 76, 77, 78, 79
Bodenreform 47
Böhm, Benita 32, 33, 82, 87, 88, 90
Bollhagen, Hedwig 27
Botticelli, Sandro 38, 39
Brandenburg 101, 102
Brandenburger Tor, 1846, Gemälde, **siehe** Gaertner, Eduard
Bremen 27, 53, 101, 102
Bremer Hansekogge 26
Büste der Prinzessin von Urbino, 1. Hälfte 15. Jahrhundert 63
Bund 13, 22, 33, 38, 39, 51, 52
Bundesinnenministerium, **auch** Bundesministerium des Innern 38, 39, 41, 42, 52, 53, 100
Bundesrepublik Deutschland, **siehe** Deutschland
Bundesdeutsch 5, 22, 32, 40, 51, 87

C

Chillida, Eduardo 26
Clemen, Paul 69, 73, 74, 75, 76
Codex Aureus Epternacensis, 11. Jahrhundert, Handschrift 38, 39
Cube, Nicolai von 32

D
Das Friedensmahl im großen Rathaussaal zu Nürnberg am 25. September 1649, 1650, Gemälde, **siehe** von Sandrart d. Ä., Joachim
Decken, Kerstin von der 12, 32, 33, 82
Dehio, Georg 65, 66, 78
Denkmalpflege 17, 38, 40, 50, 51, 58, 59, 60, 64, 65, 66, 67, 68, 70, 71, 72, 73, 75, 78, 79, 87, 91, 93, 99, 100
Denkmalschutz 17, 58, 60, 68, 74, 84, 90, 92, 99
Denkmalschutzamt Hamburg 40
Denkmalschutzbewegung 57, 58, 59, 66
Denkmalschutzgesetze 58, 59, 68, 84, 90, 91, 93, 99
Der Senator für das Bildungswesen Bremen 53
Der Watzmann, 1824/25, Gemälde, **siehe** Friedrich, Caspar David
Deutsche Geschichte 15, 29, 50, 71, 72, 74, 84
Deutsche Kunst 27, 31, 50, 54, 68, 71, 73, 74, 75, 76
Deutsche Wiedervereinigung 24, 101
Deutscher Bundestag 12, 15, 22, 33, 52, 89, 93, 96, 98
Deutschland, **auch** Bundesrepublik Deutschland 10, 12, 13, 14, 15, 16, 17, 22, 24, 27, 28, 29, 31, 33, 38, 39, 50, 51, 55, 57, 58, 59, 60, 62, 69, 70, 73, 77, 78, 79, 80, 81, 82, 84, 87, 88, 89, 91, 94, 96, 97, 98, 101, 102, 106, 108, 109
Devisen 69
Diálogo – Tolerancia, 1992, Skulptur, **siehe** Chillida, Eduardo
Die Beauftragte der Bundesregierung für Kultur und Medien 13, 23, 32, 55, 101, 102
Die Proklamierung des deutschen Kaiserreiches (18. Januar 1871), 1885, Gemälde, **siehe** Werner, Anton von
Die zehn Größten – Nr. 2: Kindheit, 1907, Gemälde, **siehe** Klint, Hilma af
Diesel, Rudolf 26
Dörnhöffer, Friedrich 72
Domschatz Halberstadt 30
Dürer, Albrecht 22, 30
Durchführungsverordnung, **auch** Durchführungsbestimmung 34, 53, 80, 100

E
Edikt Pacca, 1820 63
Eifersucht, 1913, Gemälde, **siehe** Munch, Edvard
Eigentümer/-in 11, 12, 13, 21, 31, 34, 35, 36, 40, 42, 43, 49, 57, 71, 76, 77, 81, 82, 83, 84, 85, 93, 100, 101, 102, 103
Einkommenssteuergesetz 102
Einschiffung nach Kythera, 1718, Gemälde, **siehe** Watteau, Jean-Antoine
Eintragung 10, 11, 12, 13, 14, 15, 18, 21, 23, 24, 25, 26, 27, 30, 31, 32, 33, 34, 35, 36, 40, 41, 42, 43, 45, 47, 48, 49, 53, 55, 59, 74, 77, 78, 79, 83, 91, 95, 96, 100, 101, 102, 103, 108, 109
Eintragungspraxis 17, 22, 23, 25, 32, 55
Eintragungsverfahren 23, 35, 36, 44, 46, 81, 100, 105
Eintragungsvoraussetzungen, **auch** Eintragungskriterien 14, 16, 18, 22, 31, 32, 51, 52, 55, 57, 77, 78, 81, 82, 87
Eisgang, 1923, Gemälde, **siehe** Beckmann, Max
Elmenhorst, Lucas 12, 32, 58, 82
Empfehlung der Kultusministerkonferenz zur Eintragung von Kulturgütern in das Verzeichnis national wertvollen Kulturgutes 32, 33, 53, 54, 78
England 28, 70, 95
Enteignung 11, 48
Entschädigungsfond 38
Entstehungskontext 27, 28, 76, 84
Entwurf zum Deckenfresko im Kaisersaal der Würzburger Residenz, 1750/51 Entwurfszeichnung, **siehe** Tiepolo, Giovanni Battista
Erbe 16, 17, 36, 48, 49, 55, 94, 95, 103, 105, 106, 109
Erbschaftssteuer 43, 45
Erster Weltkrieg 57, 58, 67, 69, 71, 79
Evangeliar Heinrich des Löwen, 12. Jahrhundert, Handschrift 37, 38

F
Fachgutachten 42, 45, 46, 84
Fachverbände 38, 39
Falke, Otto von 71, 72, 73, 74
Falckenberg, Harald 82
Fechner, Frank 12, 32, 33, 82
Frankfurt am Main 30, 43, 44, 46, 47, 48, 49, 50, 51
Frankreich 61, 70, 97
Friedrich, Caspar David 30, 103, 104, 105
Friedrich der Große 28, 40, 41, 42
Fries der Lauschenden, 1930–1935, Skulptur, **siehe** Barlach, Ernst
Fürstlich Fürstenbergische Sammlungen, Donaueschingen 30
Fürstlich Hohenzollernsche Sammlungen, Sigmaringen 30

G
Gaertner, Eduard 29
Gaethgens, Thomas W. 61
Gainsborough, Thomas 30
Gemäldegalerie, Berlin 30, 39, 60
Gemäldesammlung des Kurfürsten Franz von Schönborn, Weißenstein/Pommersfelden 30, 31
Gemeinsame Tagung für Denkmalpflege und Heimatschutz 64, 65, 73
Geschäftsführender Ausschuss des Tages für Denkmalpflege 68, 73
Gesetz Nr. 59 zur Rückerstattung feststellbarer Vermögensgegenstände, 1947 48
Gesetz zum Kulturgüterübereinkommen nach der Haager Konvention, 2007 54
Gesetz zum Schutz deutschen Kulturgutes gegen Abwanderung, 1955 11, 12, 14, 21, 33, 37, 38, 39, 40, 51, 52, 53, 54, 78, 80, 88, 95, 100, 101
Gesetz zum Schutz von Denkmalen in Berlin, 1995 84
Gesetz zum Schutz von Kulturgut, 2016 5, 10, 11, 12, 13, 14, 15, 16, 18, 21, 22, 24, 26, 30, 31, 32, 34, 42, 55, 58, 79, 80, 81, 82, 84, 87, 88, 89, 90, 93, 95, 96, 98, 100, 101, 103, 107, 108, 109
Gesetz zur Erhebung einer Vermögenssteuer, 1995 43
Geyer, Martin 67
Goldschmidt-Rothschild, Maximilian Freiherr von 47, 48, 49
Goschler, Constantin 48
Goya, Francisco de 30
Gräfliche Sammlungen Schloss Erbach, Erbach im Odenwald 30
Graf Raczyński 38, 39
Grundgesetz für die Bundesrepublik Deutschland, 1949 11, 13
Gurlitt, Cornelius Gustav 65

H
Hager, Georg 72
Hamburg 24, 25, 27, 30, 38, 40, 53, 100, 101
Hammer, Felix 58, 59
Heimatschutzbewegung 59
Hendschel, Richard 72
Herchenröder, Christian 36, 82
Hering, Hendrik 31
Herkunftsstaat 54
Herzog August Bibliothek, Wolfenbüttel 38
Hessen 25, 27, 29, 30, 31, 43, 44, 45, 46, 47, 49, 50, 54, 55, 59, 100
Hessisches Denkmalschutzgesetz, 2016 90
Hessisches Ministerium für Wissenschaft und Kunst 37, 43, 44, 45
Hofsfeld, Oskar 59
Holbein d. J., Hans 22
Hollein, Max 36, 47, 49
Holzinger, Ernst 46, 47, 48, 49, 50
Hortfund von Neupotz, Germersheim 29

I
Identitätsstiftend, **auch** Identität 12, 14, 15, 16, 17, 22, 31, 32, 37, 55, 82, 84, 87, 88, 89, 90, 96, 97, 98, 99, 108
Illegale Ausfuhr 54, 64
Inflation 67
Interessengruppen 57, 58
Internationaler Rang 51, 54, 78, 82
Italien 27, 28, 29, 42, 54, 62, 63, 64, 75, 76, 95

J
Jayme, Erik 98
Joachimides, Alexis 60, 64, 65, 66

K
Kaiser Friedrich Museumsverein 54
Kammel, Frank Matthias 64
Kandinsky, Wassily 95
Kanon 30, 108
Kategorienprinzip 21
Kaufkraft 47, 62, 67, 76
Kennerschaft 61, 62, 64
KGSG, **siehe** *Gesetz zum Schutz von Kulturgut*
Kimmig, Louisa 32, 33, 82
Kinder- und Hausmärchen der Brüder Grimm, 1907–1909, Federzeichnungen, **siehe** Ubbelohde, Otto
Kleinkinderschule in Amsterdam, 1880, Gemälde, **siehe** Liebermann, Max
Klint, Hilma af 94, 95, 97
Kloster Helmarshausen 38
Kneer, August 59
Königliche Museen zu Berlin 58, 60, 61, 62
Koldehoff, Stefan 48
Kommunales Eigentum 54
Koshar, Rudy 59
Kratz-Kessemeier, Kristina 70
Krayer, Joseph 68, 74, 75
Kreuz auf Rügen, nach 1815, Gemälde, **siehe** Friedrich, Caspar David
KultgSchG, **siehe** *Gesetz zum Schutz deutschen Kulturgutes gegen Abwanderung*
Kulturelles Erbe, **auch** Kulturerbe 5, 12, 14, 15, 16, 22, 24, 26, 55, 82, 84, 88, 89, 95, 96, 99, 108
Kulturföderalismus 88

Kulturgutschutzgesetz, **siehe** *Gesetz zum Schutz von Kulturgut*
Kulturnation 87
Kulturstiftung der Länder 37, 39, 40, 103
Kultusministerkonferenz 32, 33, 38, 40, 52, 53, 54, 78, 81
Kunstbesitz 12, 37, 51, 52, 53, 55, 57, 58, 62, 66, 67, 68, 69, 70, 71, 72, 73, 74, 75, 76, 82, 96
Kunsthandel 11, 34, 47, 62, 64, 65, 66, 73, 74, 105, 107, 108
Kunstmarkt 36, 57, 58, 62, 64, 66, 67, 69, 74, 76, 77, 78, 80, 93, 95

L
Länderrat der US-amerikanischen Besatzungszone 46, 50, 52, 53
Landesbehörden 13, 14, 18, 21, 24, 34, 36, 43, 52, 53
Landesdenkmalschutzgesetze, **siehe** Denkmalschutzgesetze
Landschaftsverband Westfalen-Lippe 90
Langewiesche, Dieter 97, 99
Leihgaben 30, 34, 35, 40, 41, 42, 43, 55, 95, 100, 101, 102, 103
Lewald, Theodor 72
Liebermann, Max 30, 35, 106
Liesborner Evangeliar, 10. Jahrhundert, Evangeliar 30
Lill, Georg 50, 51
List, Melanie 32
Listenprinzip 12, 21, 57, 70
Löschung 11, 23, 41, 42, 108, 109

M
Maria mit dem Kind und singenden Engeln (Raczyński Tondo), um 1480, Gemälde, **siehe** Botticelli, Sandro
Markgrafenpokal, 1638, Deckelpokal aus Silber 29
Martin, Kurt 47
Matthes, Olaf 62
Mecklenburg-Vorpommern 27, 30
Meßkirch, Meister von 29
Meyer, Andrea 79
Militärregierung für Deutschland 47, 48
Ministerium für Bildung, Wissenschaft und Kultur des Landes Schleswig-Holstein 31
Mongi-Vollmer, Eva 49
Müller, Carl Theodor 49, 50
Münter, Gabriele 27
Munch, Edvard 30, 43, 44, 45
Museen 12, 17, 34, 35, 36, 38, 40, 42, 43, 45, 46, 47, 48, 49, 51, 53, 54, 55, 57, 58, 60, 61, 62, 64, 65, 66, 67, 69, 70, 71, 72, 73, 74, 75, 76, 77, 78, 79, 80, 81, 83, 84, 87, 93, 99, 100, 101, 102, 103
Museum Georg Schäfer, Schweinfurt 104, 105, 106, 109

N
Nation 9, 10, 12, 17, 23, 24, 26, 29, 37, 39, 51, 57, 58, 59, 60, 61, 67, 68, 69, 70, 71, 72, 73, 74, 75, 76, 82, 87, 88, 89, 93, 96, 97, 99, 103, 109
National wertvoll 7, 12, 13, 14, 17, 21, 22, 23, 27, 29, 30, 31, 32, 33, 35, 36, 37, 38, 39, 42, 43, 44, 45, 46, 48, 50, 51, 53, 54, 55, 58, 70, 72, 73, 75, 77, 78, 80, 81, 82, 83, 87, 88, 89, 91, 92, 93, 98, 100, 101, 102, 103, 105, 108, 109
Nationale Herkunft 27, 28, 30, 72, 75, 104
Nationaler Wert 51, 84, 98, 99, 108, 109
Nationalsozialismus 46, 47, 48, 49, 105, 106
Nationalstaat 71, 84, 89, 97, 98
Niederlande 27, 42, 54
Niedersächsisches Kultusministerium 41, 42, 43, 52, 53
Niedersachsen 25, 29, 30, 41, 42, 43, 100
Niethammer, Lutz 97
Nordrhein-Westfalen 25, 26, 27, 30, 31
Novellierung 21, 23, 30, 32, 55, 79, 81, 82, 84, 87, 90, 98, 103
Novemberpogrome 1938 47
NS-verfolgungsbedingt entzogenes Kulturgut 47, 101, 103, 106, 107

O
Obenaus, Maria 5, 17, 23, 46, 49, 50, 58, 67, 75, 77, 80, 103
Otto-von-Bismarck-Stiftung 5, 93

P
Parlamentarischer Rat 51, 52
Paul, Barbara 62
Pauli, Gustav 74
Pesne, Antoine 28
Picasso, Pablo 30
Preußische Landesregierung 70, 79
Preußisches Abgeordnetenhaus 67
Prinz von Hannover 41, 42
Privateigentümer, **siehe** Eigentümer
Privateigentum, **auch** Privatbesitz 5, 9, 22, 34, 36, 37, 38, 40, 41, 44, 47, 50, 54, 57, 58, 60, 61, 70, 71, 73, 76, 77, 78, 79, 91, 108
Privatsammler, **siehe** Sammler
Provenienz 17, 48, 104, 105, 107, 108, 109

Q

Quodbach, Esmée 61

R

Rathaus Ahlen 90, 91
Redslob, Erwin 72
Reemtsma, Hermann F. 40
Reichsschwert des Herzogs Eberhard im Bart, 1495, Trutzwaffe 29
Reichstag 67
Renan, Ernest 97
Restitution, **auch** Restitutionsgut 10, 17, 47, 48, 54, 55, 93, 101, 103, 105, 106, 107, 108
Rezeptionsgeschichte 28
Rheinland-Pfalz 25, 29, 31, 100
Richtlinie 93/7/EWG, 1993 54
Riemenschneider, Tilman 22
Rijn, Rembrandt van 30
Roentgen, David 36
Rogasch, Wilfried 37
Roth, Dieter 26
Rubens, Peter Paul 22
Rückgabe, **siehe** Restitution
Rückgabeanspruch 93

S

Saarland 27
Sachsen 27, 28, 55
Sachsen-Anhalt 27, 31, 101, 102
Sachverständige 15, 38, 39, 45, 53, 100
Sachverständigenausschuss, **auch** Sachverständigenkommission 11, 13, 31, 34, 39, 41, 43, 44, 45, 53, 81, 84, 90, 97, 99, 105, 108, 109
Sammler 34, 40, 42, 61, 62, 65, 69, 70, 72, 74, 79, 82, 105
Sammlung der Markgrafen und Großherzöge von Baden 29, 30, 36, 37
Sammlung des Fürsten zu Öttingen-Wallerstein 30
Sammlung des Grafen von Württemberg 29
Sammlung des Herzogs von Sachsen-Coburg 38
Sammlung-Dr.-Georg-Schäfer-Stiftung 104, 106
Sammlungsinteressen 34, 45, 99
Sandrart d. Ä., Joachim von 29
Sarg des Hedbastiru, 400/301 v. Chr. 28
Sarrazin, Otto 59
Schäfer, Georg 105
Scheffler, Karl 98
Schenkung 31, 40, 43, 61, 62, 73, 92, 102
Schleswig-Holstein 25, 29, 31, 92, 93
Schneider, Richard 28
Schönberger, Sophie 5, 15, 87, 96
Schultz, Bernd 32
Schweinfurt 104, 105, 106, 109
Senatsverwaltung für Kultur und Europa Berlin 35, 36, 55
Seyffarth, Gustav 28
Simon, James 62
Smalcerz, Joanna 61, 62, 63, 64
Soehner, Halldor 43
Sorgfaltspflicht 107, 109
Sotheby's 37
Sozialbindung 11
Späth, Lothar 39
Spangenhelm aus dem Helmgrab von Gammertingen, 570 n. Chr. 29
Speitkamp, Winfried 59, 60
Spoo, Eckart 38
Staatliche Museen zu Berlin 35, 61, 62, 63, 64, 71, 76, 95, 103, 104
Staatliche Schlösser und Gärten Berlin-Brandenburg 36, 105
Staatliches Eigentum, **auch** öffentliches Eigentum 36, 54, 82, 109
Städel Museum, Frankfurt am Main 30, 33, 44
Städelsches Kunstinstitut, Frankfurt am Main 46, 47, 48, 49, 50, 51
Stadtbibliothek Leipzig 55
Städtische Galerie, Frankfurt am Main 49, 51
Steingräber, Erich 42
Stiftung Preußischer Kulturbesitz 35, 36, 103
Stockhausen, Tillmann von 61
Streichung, **siehe** Löschung
Strigel, Bernhard 36, 37
Substanzerhalt 45, 91, 93

T

Tag für Denkmalpflege 59
Tansania 27
Tatbestandsmerkmal 9, 16, 21, 78, 81, 82, 83, 88, 99
Thüringen 27, 96
Tiepolo, Giovanni Battista 29
Trendelenburg, Friedrich 73
Triest 28

U

Ubbelohde, Otto 33
Unbestimmter Rechtsbegriff 14, 15, 17, 51, 81, 88
UNESCO-Übereinkommen über Maßnahmen zum Verbot und zur Verhütung der unzulässigen Einfuhr, Ausfuhr und Übereignung von Kulturgut, 1970 53
Universität Leipzig 28

Urschrift der Verfassung des Landes Rheinland-Pfalz, 1947 31
US-amerikanische Besatzungszone 46, 47, 48, 50, 52, 53

V

Verbot mit Genehmigungsvorbehalt 21
Vereinigte Staaten von Amerika 47, 65, 67, 98
Verfassungsgebende Nationalversammlung 67, 70, 71
Verfolgte des NS-Regimes 48, 55
Verkauf 18, 34, 35, 36, 37, 42, 47, 58, 61, 68, 72, 76, 83, 99, 103, 105, 107, 108
Vermögenssteuer 43
Verordnung über die Ausfuhr von Kunstwerken, 1919 11, 21, 46, 57, 58, 60, 63, 67, 70, 74, 87, 100
Versailles 31
Versteigerung 36, 37, 38
Verwaltungspraxis 22, 33
Verzeichnis der national wertvollen Kunstwerke 17, 23, 39, 43, 48, 58, 70, 71, 75, 77, 103, 105
Verzeichnis national wertvollen Kulturgutes 7, 10, 12, 21, 22, 23, 24, 25, 26, 29, 30, 31, 32, 33, 34, 35, 36, 37, 43, 46, 48, 53, 54, 55, 78, 79, 83, 87, 88, 91, 92, 93, 100, 101, 103, 105, 108, 109
Vision der christlichen Kirche, um 1812, Gemälde, **siehe** Friedrich, Caspar David
Voss, Julia 94, 95, 106

W

Wagner K, Matthias 48
Warren, Jeremy 61, 62
Washingtoner Prinzipien, **auch** Washingtoner Erklärung und Washingtoner Abkommen 103, 106, 109
Watteau, Jean-Antoine 22, 28
Weidner, Amalie 63
Weiler, Katharina 48
Weimarer Reichsverfassung, 1919 51, 68, 71
Weimarer Republik 46, 57, 79, 82, 87
Weinmüller, Adolf 105
Welfenhaus 37
Weller, Matthias 12, 32, 33, 82, 98, 107
Werner, Anton von 29, 30, 31, 92
Wesentlicher Verlust 12, 14, 16, 21, 22, 51, 52, 55, 57, 70, 81, 88, 96
Westdeutsche Besatzungszonen 46
Wiese, Volker 12, 32, 58, 82
Wildensteiner Altar, 1536, **siehe** Meßkirch, Meister von
Wilhelm II. 31
Wilmes, Daniela 47
Winands, Günter 32
Wirtschaftsboom 61
Wolters, Alfred 49, 51

Z

Ziesenis d. J., Georg 40, 41, 42
Zweiter Weltkrieg 23, 37, 46, 47, 48, 51, 78, 103, 105, 106